大展好書　好書大展

品嘗好書　冠群可期

大展好書　好書大展
品嘗好書　冠群可期

合氣太極 3

合氣太極

養生功

陳景雄 著

大展出版社有限公司

序　文

對合氣道的認識是從觀賞美國動作片演員史蒂芬·席格（Steven Seagal）主演的一系列動作武打電影開始，由於席格擁有合氣道黑帶七段的資格，電影中他矯健的身手與動作，特別是以柔克剛的技巧，讓我對合氣道有一種崇拜，甚至萌生欲學習修練合氣道的念頭，雖然最終並未有機會落實學習，但始終對合氣道這項武術充滿興趣與憧憬。

民國89年我自中正理工學院退休，受聘至修平技術學院任教（當學年度奉准改制技術學院，並由「樹德工商專科學校」更名為「修平技術學院」），任教期間認識時任學校圖書館館長的陳景雄教授，當時僅僅知道陳教授是合氣道黑帶高段的武林高手，在修平短短服務1年後轉至大葉大學，所以一直無緣見識陳教授的身手。而陳教授雖然已於民國92年自學校退休，但憑藉著他在合氣道及氣功的修練與功力，仍持續在學校推廣教育所辦理的課程中教授養生、防身等功法，一心致力於合氣養生的教學與推廣。直到民國99年再度回到修平科技大學服務，才又有緣與陳教授再次接觸與認識，在多次的談話中，讓我對合氣道及氣

功等武術的知識與應用有更進一步了解，當然對陳教授個人的認識與敬佩又加深了一層。

合氣道是源於日本的一種武術，在技法上著重於「自然」與「氣」，亦即是說合氣道的力量源自於氣，習練的過程中，氣的培養就亦顯重要了。當合氣道這項「武術」提升到「武道」、必須藉以「心法」引導之，因此陳教授昇華了數十年合氣道的修練，特創了「合氣心法」。

「合氣心法」是由合氣道切入，以簡單、智慧的心靈、突破原本的框架、自由自在的應用功法。為了「合氣心法」的教學與推廣，陳教授於民國93年編寫了「合氣心法」一書，並由三民書局出版，已成為有心修練學習人士的寶典。

隨著台灣邁向老齡化社會的過程，追求「健康」、「養生」及「樂活」成為多數人的目標。陳教授雖然今年已有80歲的高齡，然而他仍然不忘如何應用武術、武道的技巧來回饋與奉獻於社會大眾，如今他又推出「合氣太極」的養生功法，所謂合氣太極養生功是一種集合氣功、防身術及醫術三合一的氣功，此項養生功在多人的修練與學習下，已充分驗證它是符合現代人提升身體機能與養生的功法。

合氣道的特點在於「以柔克剛」「借勁使力」及「不主動攻擊」，這種模式與職場上做人做事應有的原則亦有幾分相似，以「心」、「氣」及「智慧」來解決人生面對的衝突與困境，實在是現今混亂人心與社會的一劑良藥。今日陳教授特地將所創的《合氣道太極養生功》出版成書，實為社會大眾的福氣，除提供修練者一個學習的管道，更為現代人在「健康」、「養生」及「樂活」的追求提供了途徑，本人有機會為此書寫序，深感榮幸。在此對陳景雄教授為社會大眾的奉獻致上最高的敬意，並祝福所有修練學習合氣太極養生功的朋友成功，心想事成，健康樂活。

修平科技大學校長　　博士

作者簡介 陳景雄

一、學經歷

（一）國立中興大學畢業

（二）合氣道七段　師範

二、曾　任

（一）修平科技大學教授、兼圖書館館長、通識中心主任。

（二）中華民國合氣道協會副秘書長、諮詢顧問、國家級教練、裁判。

（三）台灣省合氣道協會秘書長、總督導。

（四）大專合氣道委員會大會裁判長。

（五）1992年第六屆國際合氣道大會執行委員兼副祕書長。

（六）代表中華民國合氣道國家代表隊參加1993年於荷蘭海牙。舉行之世界運動大會演武。

（七）代表台灣體育總會合氣道協會參加2010年於越南河內舉辦之「南亞十國」國際合氣道研習會與演武大會，擔任講師、參加演武。

三、現　任

（一）中華台灣合氣道推展協會 首席師範。

（二）台灣體育總會合氣道協會 首席師範。

（三）合氣太極養生功 首席師範。

（四）臺中市雲濟武學發展協會 總顧問。

四、著　作

《合氣心法》2004年出版，三民書局總經銷。

目　錄

1. 前言

由於現代人的飲食習慣，過於豐盛多樣，生活緊張且忙碌，勞心勞力，又少運動，因此罹患高血壓、糖尿病、心臟病、膽固醇過高、骨質疏鬆等文明病，愈來愈嚴重。而隨著瞬息萬變的資訊時代來臨，人們追求健康的方法更是多元。其中較為中老年人喜歡的氣功，便應運而生。功法之多猶如雨後春筍，令人目不暇及，無所適從。而一些不肖之徒，更是伺機而動從中誤導、騙財、騙色、謀取暴利，很多人因而吃虧上當，進而排斥氣功；這也難怪所謂：「一朝被蛇咬，十年怕井繩」。當然，今天市面上正派的氣功亦復不少，希望大家睜大眼睛好好選擇，以免吃虧上當。

今天在此介紹的「合氣太極養生功」，事實上它是集合防身術、氣功、醫術等三合一的氣功；也許有人要問為什麼發展這樣的氣功呢？而且可能嗎？答案是肯定。

記得幾年前一個涼爽的夜晚，來了幾位友人介紹練氣的朋友，見面後他們大談氣場、氣感等話題。後來我問明來意，才知道是要找我幫他們療傷治病，當場我便運功處理，總算一切順利。隨後從他們的言談中，得知他們除了氣感不錯外，其他如簡單的防身術、醫術更是一竅不通。這一席話令我感到非常驚訝！難道練氣功只是練氣感而已嗎？萬一身旁的親人好友，一旦發生了緊急危難或病痛，那該怎麼辦？難道就束手無策了嗎？那麼，練這種只會氣感的氣功又有什麼意義呢？

有感及此，乃與我的幾位得力學生（包含醫師、老師、企業主管），討論研究後決定推出這種集氣功、防身術、醫術等三合一的養生功法——合氣太極，以調整體質。而這一門功法，目前已在台中開班，學員們的表現更是令人刮目相看。猶記得剛開始那一段時間，每晚九點十分下課後，幾乎都必須留下替一些學員處理病痛，通常至十點左右才能回家。但經過三個月的修練後，每晚下課居然是準九點十分，而且再也沒有學生找我治病或調理了；一問之下才知道他們身體現在可好得很呢！而且聽說他們現在只要練功就沒事了。看他們日益蛻變的好氣色，與謙虛有禮的好氣質，真令人感到興奮與安慰。

就在三個月前的一次上課，有一位老師學員告訴我：「有一天晚上她太太忽然胃痛，吃藥也未見好轉，在太太的要求鼓勵下，將手按在太太的胃部，不一會兒他太太便睡著了。翌日太太告訴他按在胃部的手，感覺熱熱的好舒服不知不覺就睡著了，而且胃也好了不痛了。」他很好奇又懷疑的問我說這可能嗎？我當場肯定他的疑問。事後也證明他接氣、發功的能力相當不錯。

值此世風日下，人心不古的歪風社會中，充滿一片爭鬥氣息，人世間的疏離、冷漠、不信任感處處可見。因此心靈改革與重建，刻不容緩。而所謂「氣功」正是一種心靈的力量，更是一種能量，也是萬物與生俱來的，只是你沒有去正確開發研究。切記莫誤信誤導以致受騙上當，那根本就失去練功的意義。而學習本「養生功法」正是心靈改革的良方益法。祈盼我們多接觸，多練習這種怡情養性、強身、防身、修身有益身心靈的養生功法；同時在練功之餘，也能自我提升心靈境界，引導社會風氣，朝崇高心性，不爭不鬥的方向邁進，且多向智慧的大自然學習，則社會幸甚！

本功法除了對一般有興趣「練氣」的朋友，提供另類、簡單、輕鬆、強身、防身、養生等具體方法外，更兼具提升心靈智慧，並與家人、好友共享健康幸福的人生。

2. 緣 起

猶記得三十幾年前，偶然看到「龍捲風」影集，它的威力令我印象深刻，同時也意識到大自然的偉大與奧妙。於是內心產生了一種師法「龍捲風」的念頭；當晚在道場，便找助教，以「龍捲風」的意念，竟完成了許多過去我無法達成的動作技法，當時內心真的是高興得不得了。

自從有了這樣的突破，使我對師法「大自然」的心意，越來越強烈。於是從行雲、流水、雲海、日出、微風、海浪到周遭的事物，如摩天輪、陀螺等等均成為我師法的對象。

幾乎可說是包羅萬象，但也因此內心開始煩躁、浮動無法靜止，甚至有些入魔的現象。幸好在一次海拔兩千多公尺的山上，凝視雲海，不知不覺中融入大自然、靜坐調息，忽然腦海中，靈光一現，頓悟到「萬流歸宗、萬法即無法」的道理。同時更體會到「心即宇宙、宇宙即吾」的真理。驀然覺得心曠神怡，腦海一片清新，心胸更是豁然開朗起來。從此內心一片祥和，不再受限於任何意象，而隨心所欲，自由自在。

也因此對過去所學的事物，有更寬、更深入的看法。同時更樂於接觸大自然，內心想法就更簡單、更有智慧了。因此，發展為以簡單智慧的心靈，突破框架、自由自在的應用功法。這便是個人「功法」的心路歷程。相信它能到達的境界，當非你我所能預知與限定的。並為配合現代人追求強身、防身、修身的觀念，更契合「合氣道與太極拳功法」的精華與養生氣功，而成就此一集醫、武、氣功三合一調整體質的氣功功法 ——「合氣太極養生功」。

3. 合氣太極養生功三合一的本質

一、氣功性

簡單自然、心平氣和、氣隨意走，自然健康快樂。

「合氣太極養生功」是以師法大自然為根本。因此「人」與「大自然」就很容易結合，且不受世俗與物質的迷惑，更不再純著眼於「人」的觀點，自然心平氣和。

而「功法」即以「心意」為原點，則由心主宰的身體，自然跟隨「功法」意境而提升；如內心想到高山、雲海，心境自然心曠神怡，這時身心也必舒暢無比。因此以心行意、以意推氣、以氣運身，自可氣隨意走，而達到另一健康境界，自然心曠神怡。

二、武術性

由武術提升至武道的境界。融入生活與人生合而為一的嶄新武道人生觀。

俗云：「練武不練功，到頭一場空。」由此可知一個練武之人，若只重視打鬥的技法，而忽略「內心修為」，充其量也不過是一介武夫，終究難成大器，更難免面臨無法突破的窘境。

因此「內心修為」即為輔以本「功法」為導引，提升心境，自可突破窘境。同時對整體有形、無形的境界必大有助益。且對整個人生的看法，會有截然不同的轉變。也因此才能達到形而上的「武道境界」——「上勝、不爭」。更呼應老子思想——「夫惟不爭，故天下莫能與之爭」的哲理。而本「功法」即是這個關鍵——由「武術」提升至「武道」境界，具體而微的實用方法。同時也是提升人格修養的不二法門。

三、醫術性

氣隨意走，自可接氣發功，若以意渡人，自可渡氣救人也救己。

「功法」即以心意引導，師法大自然提升境界，且隨意練氣不受限，自然自由自在無框架，因此「功法」若練至一定程度，自然隨意之氣，自可隨心意渡氣救人，以達去病止痛之效。

依筆者這三十幾年來，所碰到而治癒的一些病痛，更令我嘖嘖稱奇。證諸今天生化科技方面的磁波、能量理論，庶幾有合理的解釋。相信未來科學愈發達，則以「氣功」去病痛，當有更積極的意義。

而且人活在世上，難免會有意外發生，即使是小病痛，如發生在人煙罕至的荒郊野外，而無能力處理，則小病痛也會變成大災難。

所以說，隨意練氣、發功不受限，自可渡氣救人也救己何樂而不為？實在值得有緣人好好去省思學習。

4. 「氣」與「力」之消長與太極中「陰、陽」互補之關係

談到「力」很快想到「力大如牛，孔武有力」等字眼，而一講到「氣」大概會想到「氣勢凌人、氣壯山河」等等。由此可知「力」是顯而易見也可觸摸。但「氣」就只能去「意會」或「感受」，且觸摸不到，更不易看到。因而常被忽略不重視。

事實上「氣」對生命而言是不可或缺的，沒了氣也等於沒有生命。俗云：「人爭一口氣，佛爭一炷香」就是這個道理。

日本人更將「生病」說成「病氣」，是蠻有道理的，因為「氣」不順了自然就生病了。因此「氣」比「力」重要是不爭的事實。

如果我們以「力」代表「白晝」，那麼「氣」即代表「黑夜」這樣的比喻正好把「力」與「氣」的特質表露無遺。然「白晝」與「黑夜」他們有互相輪流呈現的特性，而「力」與「氣」是否也有這樣的特質呢？答案是肯定的。

當我們用「力」至極限時，便會產生「脫力」的現象而導致無能為力了，如果這時你學會本「功法」氣功中的接氣、發氣、

轉換等功法，那麼，你自然會輔以「氣」去轉換「力」，同時，會感到一股前所未有更輕鬆有勁且生生不息的「氣力」產生。由此可知「氣」與「力」的關係是一體的兩面，而它們的應用關係更具有互為消長的作用。

這種關係正好應驗了太極中「陰、陽」的道理。當「陰」發展至盡頭時，「陽」便接替持續發揚光大，而這種「陰、陽」替代的關係更會重複出現。所以說「氣」與「力」的消長關係正好是太極中「陰、陽」互相輪替的現象。因此，如果能瞭解並應用這種關係，則必體會「力」與「氣」不但不衝突反而是兼容並蓄的，而且沒有框架隨意去左右應用氣力豈不快哉！

也許有人認為「力」比「氣」威力更大，只要好好練「力」一樣可以達到目的，何必在乎「氣」呢？其實這是一般人錯誤的看法，須知「氣」比「力」的威力大得多呢！不信當我們站在海岸邊，看到那一波波海浪猛烈拍打海岸的情景，也許你會認為這實在太威猛、太壯觀了；更會給你「爭鬥」的深刻印象——「力」。但當你乘船至深海處，看到那一片茫茫無際的大海，靜靜躺在那裏，雖不起浪，也沒有海浪猛力拍打的聲音，但是你一定會感受到大海另一種「不鬥」的「攝人氣勢」。也更體會到「氣」比「力」更令人折服的道理。

何況「氣」這種自內而外的修練方式，更有益健康。至於其因而產生的練氣、防身、醫術等附加價值，更不是只練肌肉的「力」所能望其項背。當然人的健康必須有賴「氣」與「力」互補平衡，才能克盡其功的，亦即所謂的「內外兼修」。相信認真修練這三合一的「合氣太極養生功」，定會讓你健康、快樂、與幸福。

下圖為「氣、力」與「陰、陽」的互補關係。

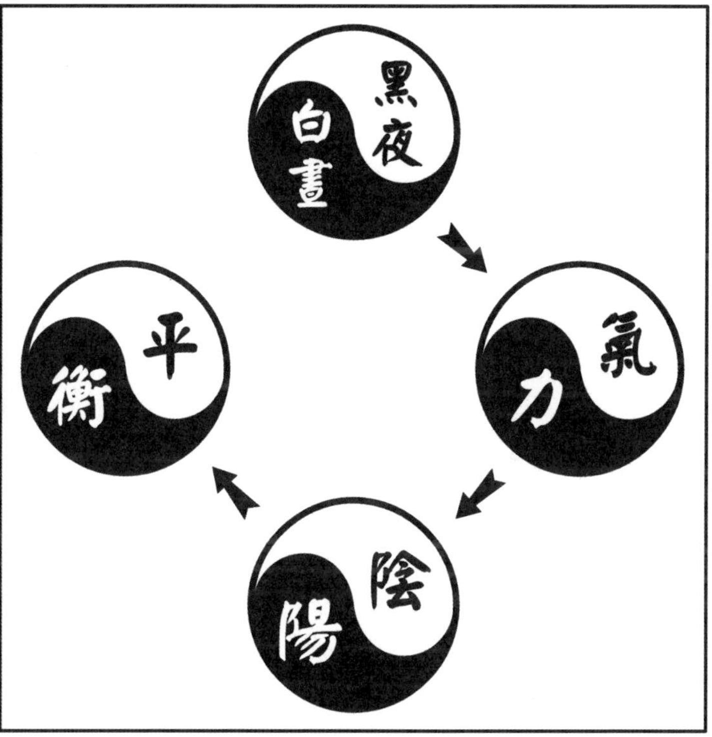

右圖為（氣、力）與（陰、陽）的互補關係。

5. 實體發功、接氣與隔空發功、接氣之道理及妙處

上節談到有關「氣」與「力」之消長與太極「陰、陽」互補關係中，我們知道當力量用到極限時，便需要「氣」的支撐方能克盡其功。因此當雙方較量時「力或（體力）」固然是一個重要的因素，但「技術」更是一個關鍵，然雙方「力與技術」若勢均力敵時，則懂得如何運用「氣」的層面，才是雙方最後勝出的關鍵因素。

而如何發功、接氣在本書《合氣太極養生功》學習要領中自有說明，相信好好去學習，定有相當的收穫。當然發功、接氣除了上述的方法外，認真、虔誠、聚精會神、勤練更屬必要。又「實體發功、接氣」，經由雙方實際接觸，自然較具體，較易練成，如再經老師的指引，就能更上一層樓。且努力練功、練氣，自然就愈來愈強。

當「實體發功、接氣」修練一段時間（一年）後，彼此對練的雙方磁場、頻率會漸趨一致，此時只要一方輕輕發功，對方便很輕易接到訊息而產生共振。這時「實體發功、接氣」便很容易

隨意將對方推動，甚而飛出。如此「實體發功、接氣」便告成功。當然往後的練習更是重要，能量也會愈來愈強，身體健康能量、免疫力也會越來越好，自然健康快樂。

如再勤加修練，便可經由隔空感受（覺）到，雙方同頻率的能量訊息發生共振，而產生身體移動的現象。重複的勤加練習，自然雙方接受能量訊息，發生共振的現象，便愈來愈敏銳，愈來愈強，且接氣後移動的動作，會愈來愈大，甚而飛出。這就是「隔空發功、接氣」的原理。

「實體發功、接氣」一般而言，對任何人均有效果，只因對手心態、意願，效果才有強弱之分。惟雙方勢均力敵時，效果就最易發揮。而世上能「隔空接氣」的人大概可分為兩種人：

一是先天磁場頻率，與發功者相同之人，它們自然很容易感應到，發功者發出的能量訊息產生共振。

另一種便是經由本功法，或類似的練氣訓練，自然也會感應到，對方的能量訊息而產生共振。

除此之外一般人是無法感應到對方發出的能量訊息，更遑論產生共振。至於「隔空發功」更是一門學問，更需要過一段時間訓練指導方可達成。而類似「天龍八部」電視劇中喬峰隔空發勁的駭人掌力，更是誇張得可以……，不過，那只是為了增加電視的可看性而加上去的電影「特別效果」，何況將一隊人馬震飛出去，更是天方夜譚。

記得我的一位學生曾經告訴我說，他以前在台北三軍球場，看到一位世界級氣功大師發功，結果當場只有部份人感應到而抖動，其他的人包括他在內好像都沒感覺。因此對「隔空發功、接氣」的觀念必須正確的瞭解到，若沒有同頻率的，磁場訊息是無法完成的，因此不要被誤導，甚至錯誤延伸解讀，那就不妙了。

更簡單的說，當朋友告訴你第66頻道有很有趣的節目可看，而你正在看別的頻道，那當然是看不到的，必須調到66頻道才能看到。所以說「隔空發功、接氣」就是這個道理。

至於學習「隔空發功、接氣」有什麼好處？它的好處可妙呢！記得以前我們道館的幾位助教，在寒流來的那一段期間，他們其中特別是女助教，雖已上課經過一段時間活動，但他們中的一些人的手仍然是冰冷的，氣色也不是很好，我便以「實體發功」讓他們接氣，結果接過三、四次後，他們的手便溫熱了，氣色也變好了，令我嘖嘖稱奇。

但如以「隔空發功、接氣」效果更是驚人！只需一次最多兩次，效果更是加倍，手更熱、臉色更紅潤了。這便是「隔空發功、接氣」的妙處之一，因為「實體發功、接氣」只是身體局部接到，故需時較長，效果也不完全，而「隔空發功、接氣」則是身體內外全部接到，故需時更短，效果更是加倍。

由於「隔空發功、接氣」除了更能迅速增加能量外，對身心的健康更是全面的提升，勤加練習「隔空發功、接氣」更能符合積極的健康養生觀。

而本功法不論是學習「實體」或是「隔空」發功、接氣，必須先學會倒著走，甚至倒著跑。同時要聚精會神接受，對方發出的能量訊息，這樣練習接受能量訊息，才會越來越敏銳越強烈。同時倒著走或跑，可以接到對方更多的能量。如一接氣即倒下，便只能接到對方部份的氣，豈不可惜？為了使能量越強，接氣能力更好，一定要學會倒著走甚至是倒著跑。

證諸報導台大有位教授曾為文發表倒著走，對身體健康有極大的妙處。筆者更相信由於平時向前走或跑所引起的身心問題，定可藉由倒者走或跑而獲得更好的改善。

而以前曾經看到電視中有關日本電視節目之報導，倒著走居然能改善O型腿，且當場還做實驗而且有效，真是神奇。由此可知倒著走或跑除了對健康有益外，更有美容的效果呢！

沒想到本功法無心栽柳的結果一發功、接氣倒著走（跑）。居然能有這麼多妙處，當真始料所未及的。故為了健康、增強能量、免疫力，更為提升健康養生的層次，歡迎大家加入學習正確、易練且更具多項附加價值的「合氣太極養生功」。

①

②

3

4

6. 導引：為功法之要訣，要確實好好學習，切忌自作聰明

一、訊息導引：意由心生，氣隨意走

1. 排 氣 法（排混濁氣）

由腳底吸氣，再由頭頂呼氣排出，共六遍。

2. 吸 氣 法（吸新鮮氣）

由頭頂吸氣，再由腳底呼氣排出，共六遍。

二、身心導引

兼容技法運動，並蓄導引吐吶為功法的根本，藉由導引，活絡關節、筋骨，並開啟身心，舒暢身心，強健身心。

1.眼鼻部

有益視力、鼻過敏之改善。

（1）**眼部**：宜以雙手合掌搓熱，約搓36次，或72次，有微熱即可。並輕敷雙眼上（默數36次）。

①

②

（2）**鼻部**：沿鼻樑兩側，雙手上下搓拭約12次，雙手續推向頭頂，再沿雙耳下滑，如此共三遍。

1

2

2. 耳部

有醒腦、助消化並有益耳鳴、中耳炎之改善。

依序搓、拉、壓、按四個動作，左右配合做。

（1）搓雙耳36次。

（2）拉雙耳垂（默數12次，共三遍）。

（3）壓雙耳珠（默數12次，共三遍）。

（4）掩耳彈頭（默數12次，共三遍）。

3. 頸部

可使頸部鬆軟，頭腦清爽，並有益血壓正常。

壓、擺、繞三個動作，左右配合做。

（1）雙手拇指向下，按壓後頸部，左、右各做36次。

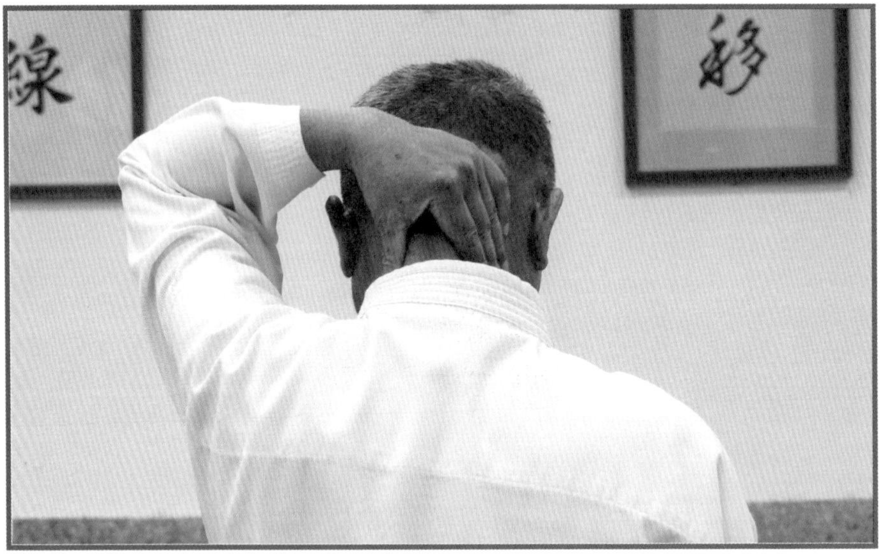

（2）前、後、左、右輪流繞頸（默數左、右各4次，共二遍）。

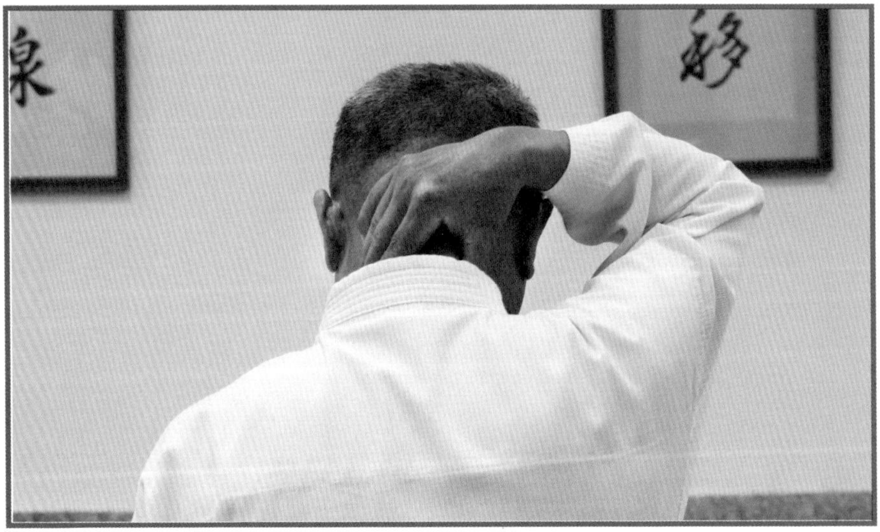

（3）左、右輪流擺動（默數左、右各4次，共二遍）。

（4）上、下擺動（默數左、右各4次，共二遍）。

4. 手臂部

可助消化，並可淡化斑點。

（1）**右手**：外側搓72次，內側搓36次。

（2）**左手**：外側搓72次，內側搓36次。

5. 腰 部

有益腎、利便之效。

（1）雙手按腰部後方（腎臟部位）搓72次。

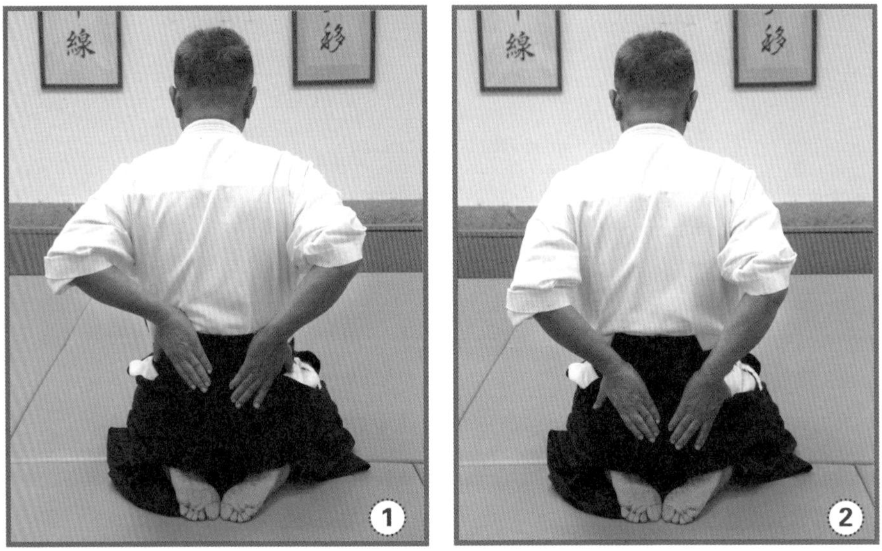

（2）雙手續按著腰部並調息（深呼吸12次）。

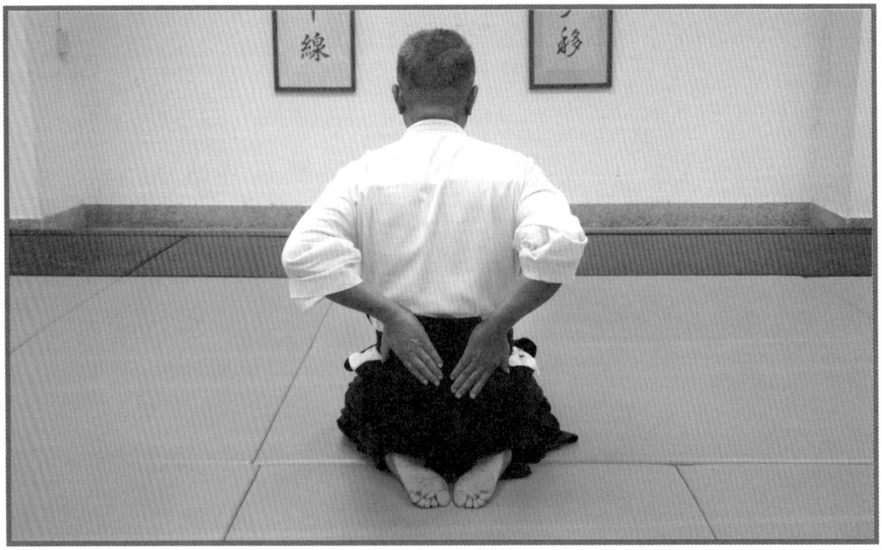

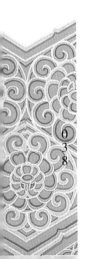

6. 雙 腿 部

有益攝護腺改善。

（1）坐姿、雙腿略彎曲、前開。

（2）雙手同時搓左、右大腿內側各36次。

（3）雙手同時搓左、右大腿根部上下各搓36次。

①

②

（4）壓腿默數36次。

7.後倒立

有益心肺功能，血壓之改善。

（1）以坐姿、雙腿前伸。

（2）身體後倒，雙腿合併向後方倒立，雙手支撐著腰部（默數36次）。

8. 坐姿拉筋法

有益淋巴之改善及增強免疫力，及筋骨之韌度，必須稍微用勁互拉。

（1）胸前雙手互扣水平拉筋：各做一遍即可。

ⓐ右上左下雙手互扣拉筋（默數36次）。

ⓑ左上右下雙手互扣拉筋（默數36次）。

a

b

（2）胸前雙手上下互扣拉筋：各做一遍即可。

ⓐ右手向上拉之雙手互扣拉筋（默數36次）。

ⓑ左手向上拉之雙手互扣拉筋（默數36次）。

a

b

（3）背後雙手上下互扣拉筋：各做一遍即可。

ⓐ左手向上拉之雙手互扣拉筋（默數36次）。

ⓑ右手向上拉之雙手互扣拉筋（默數36次）。

（4）丹田前雙手水平互扣拉筋：各做一遍即可。

ⓐ右上左下之雙手互扣拉筋（默數36次）。

ⓑ左下右上之雙手互扣拉筋（默數36次）。

9. 立姿拉筋法

擴胸，預防五十肩，增強脊椎，促進平衡通血氣，增強胯部筋骨韌度。

（1）雙手交叉胸前，左右輪流交叉甩動（各12次）。

①

②

（2）雙手曲肘，前、後擺動（各12次）。

（3）雙手向上，左、右單腿交互向後抬高（各12次）。

（4）雙手叉腰，左、右輪流踢腿各12次。

10. 收 氣

舒緩氣息、萬象歸一。

（1）雙手自然下垂，交叉胸前，吸氣時雙手往上再往外，畫大圓，下垂時吐氣，回歸原位（默數12次）。

（2）雙手自然下垂，交叉胸前，吸氣時雙手先往外，再往上畫大圓，吐氣時，雙手合掌收勢（默數12次）。

11. 繞 膝

舒緩及活絡膝關節。

左、右各繞膝12次。

12. 仰俯甩手蹲

增強脊椎腰部柔軟度，平衡血壓。

後仰、前俯、甩手下蹲共12次。

13. 金魚擺動

增強身體腰部之柔軟度。

平躺、抬頭、手抱丹田如金魚般左、右擺動共36次。

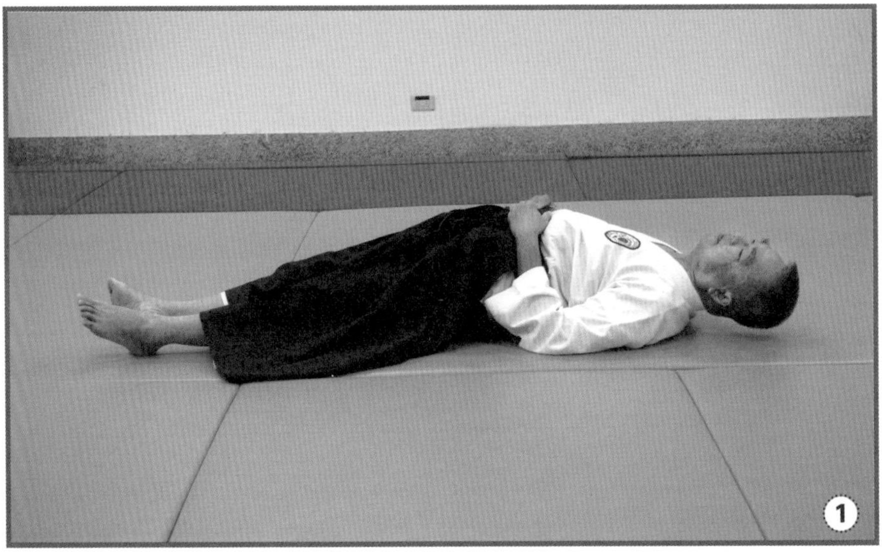

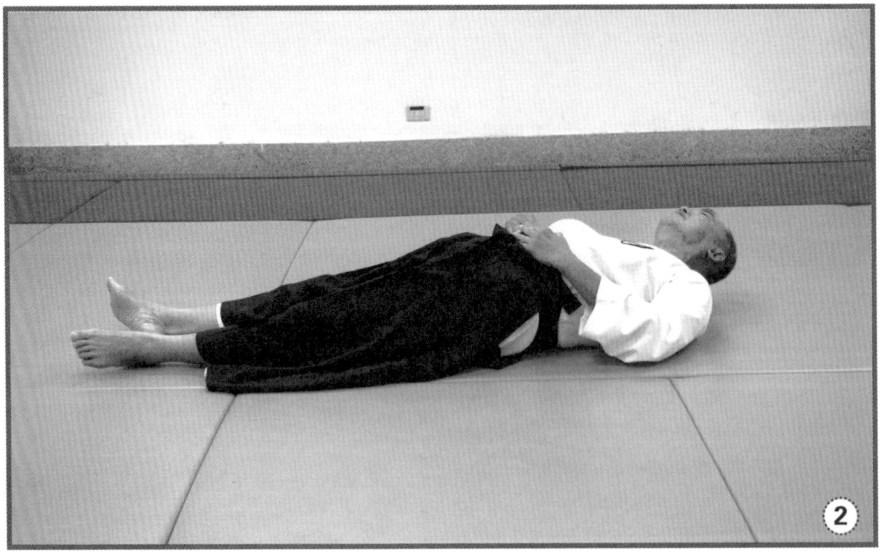

14. 手腳拉伸

增進身體柔軟度及平衡神經功能。

手腳逆向，左右各拉伸36次。

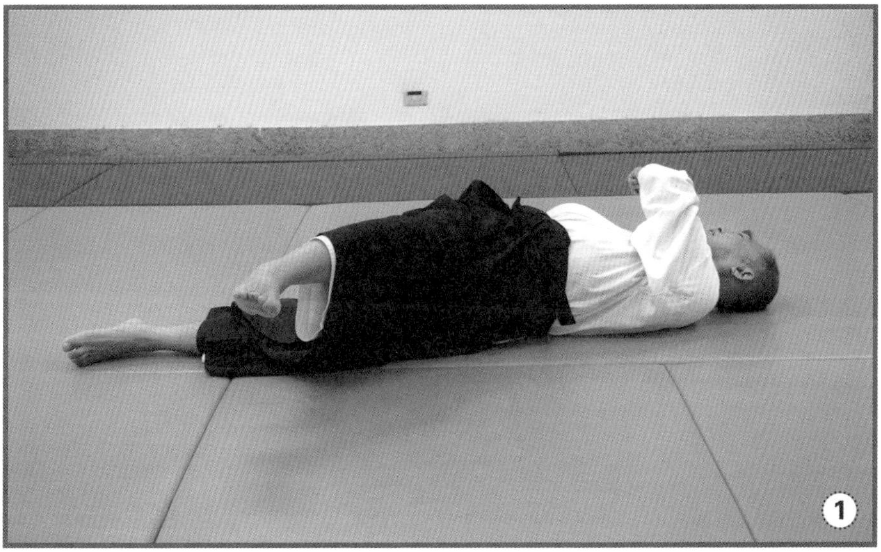

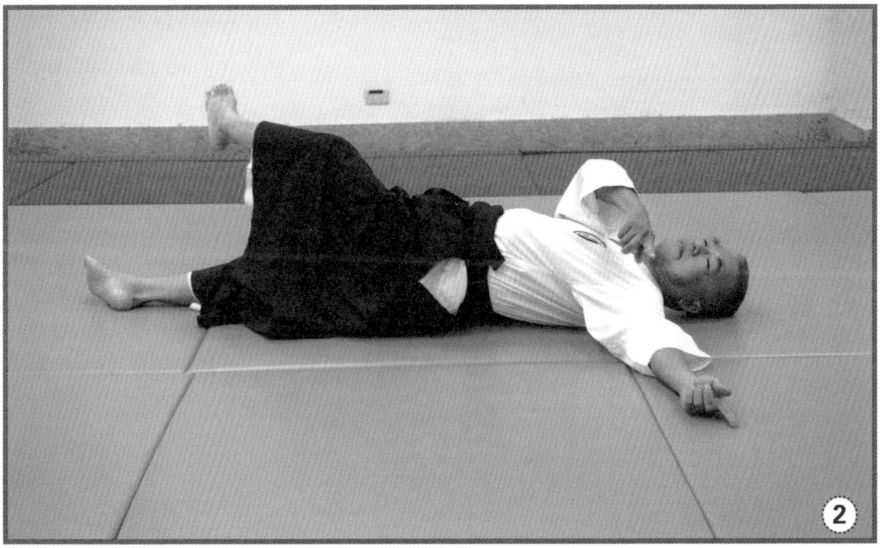

15. 童子拜佛

增進腰部、脊椎、腿及心肺功能並促進消化。

腰部配合，伸挺時上下輕擺動，匍伏時左右輕擺動並配合雙腳趾頂立，平放共四個動作各做36次。

1

2

3

4

5

6

16. 後 視

增進大腦，身體之平衡。

雙手叉腰，左右輪流轉頭後視，各12次。

17. 左右擺動

增進身體（身心）平衡協調功能及穩定度。

頭、手、腰要一致，動作要穩重，並配合呼吸，分水平擺動、上下擺動兩種，各做12次。

5

6

7

8

9

18. 一教甩手

強化丹田增強活力並有提神作用。

左、右各往前甩動36次。

19. 關節運動（手部）

加強關節韌度，促進血管順暢，避免癡呆及手指酸痛。

動作分為二教、反手腕、三教、六教等四種循序去做，且動作要適度用勁，左、右配合各做12次。

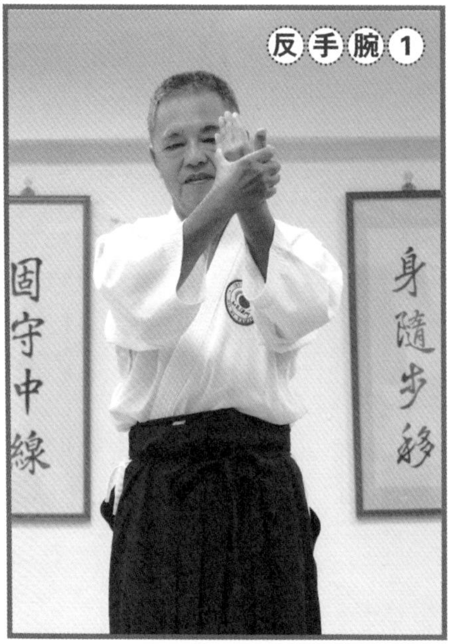

固守中線
身隨步移

反手腕1

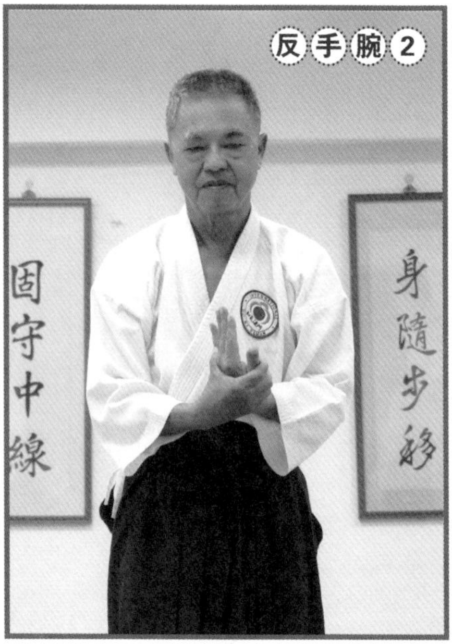

固守中線
身隨步移

反手腕2

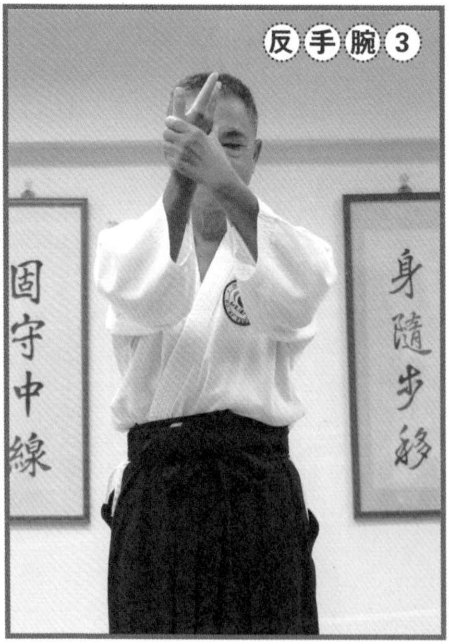

固守中線
身隨步移

反手腕3

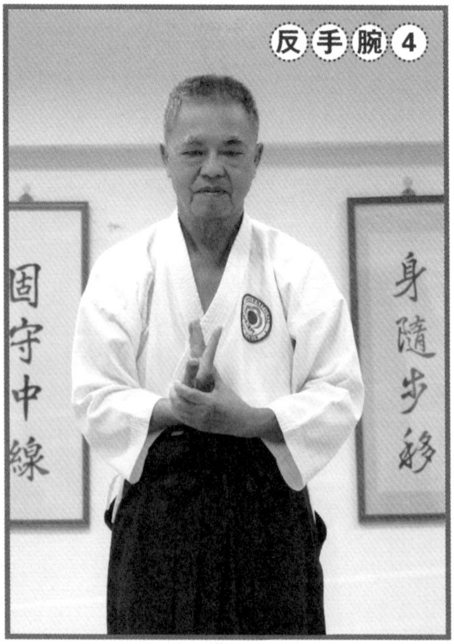

固守中線
身隨步移

反手腕4

三教1
固守中線
身隨步移

三教2
固守中線
身隨步移

三教3
固守中線
身隨步移

三教4
固守中線
身隨步移

六教1
固守中線
身隨步移

六教2
固守中線
身隨步移

六教3
固守中線
身隨步移

六教4
固守中線
身隨步移

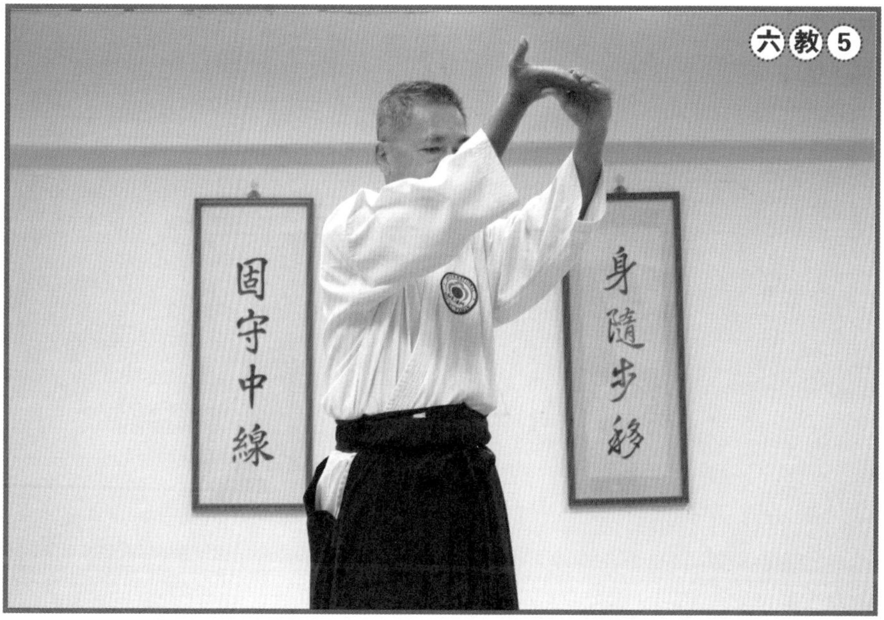
六教5
固守中線
身隨步移

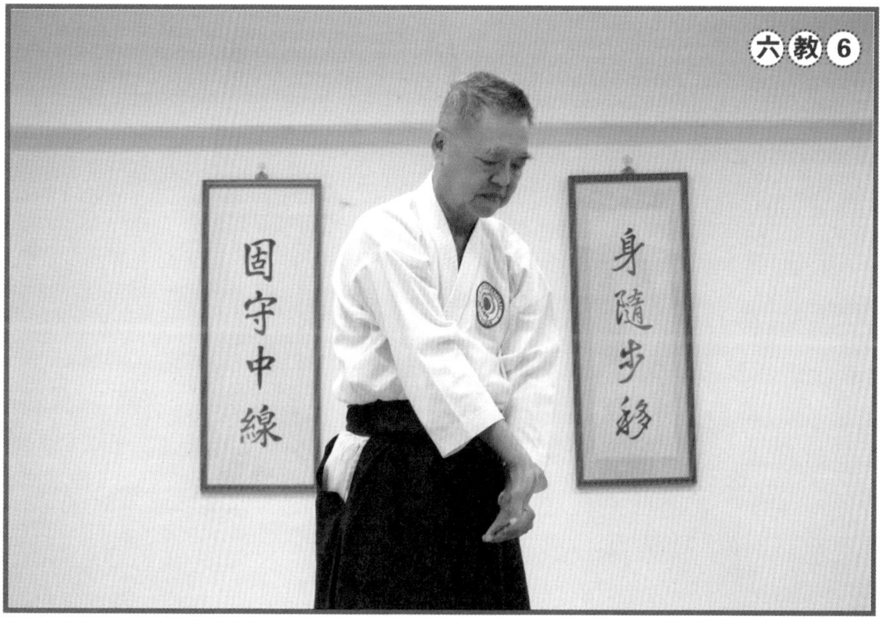
六教6
固守中線
身隨步移

導引：為功法之要訣，要確實好好學習，切忌自作聰明

20. 護身倒法

可增強心肺功能，能護身避免意外摔倒受傷。

立姿後倒 1

立姿後倒 2

立姿後倒 3

立姿後倒，雙眼俯視腹部，雙手以45度，側拍約12次後，再雙手環抱胸前、後倒（無聲）約兩次，（雙手不可拍打），最後再左、右單手45度側拍二次。

無聲後倒1

無聲後倒2

無聲後倒3

左右倒 1

左右倒 2

左右倒 3

21.膝行

有益攝護腺、膀胱、心肺、腰及增強膝蓋等功能之改善。

以跪姿左、右輪流膝行，初學者量力而為，不可勉強，若膝蓋稍有微熱感即應停止，循序漸進，以免受傷。

22. 返老還童

重溫頑童的心境，舒暢身心。

以雙手掌、雙腳掌，平貼地面，弓身繞左右各一圓圈。最後起身並靜坐休息。

7. 練氣功法
以深呼吸配合意念行之

一、深呼吸

即腹式呼吸，以盤坐為宜，鼻吸腹脹，口吐腹縮，越細越長越好，吸吐自然，更須循序漸進，不可強調或勉強。

二、合氣呼吸

以正坐（即金剛坐），盤坐亦可，以頭頂百匯穴，鼻及全身皮膚、毛孔、進行吸氣，再由口、皮膚、毛孔呼出，並配合意念行之。

1

2

三、合氣呼吸之練習功法：以立姿行之

以左右迴轉，軸心式，入身式，左右揮臂等身法，配合合氣呼吸，自然但不強調，尤須加強意念行之，自可達到最佳效果。

左右迴轉1

左右迴轉2

左右擺動式1

左右擺動式2

左右擺動式3

左右入身式1

左右入身式2

左右入身式3

左右揮臂 1

左右揮臂 2

左右揮臂 3

左右揮臂 4

四、收 氣

以平常心，安意定氣，配合以萬象歸一之意念行之。

5

6

7

8

五、注 意

上述之深呼吸與合氣呼吸，必須經常行之，以修補身心，蓄積能量，且務必配合意念，效果更佳。

千萬不可空想或妄想，多以動作配合意念行之，打入潛意識，則隨時隨地，都是練功的好地方、好時機。自然能量大增，進步神速，充滿智慧。

8. 功法要訣 是能量導入動作的不二法門

一、聲東擊西

避免陷入一般用力模式，以收「氣隨意走」之勁，並加強氣的進行方向，以「外迴轉」行之，動作如照片說明。

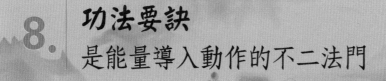

2

3

二、移花接木

氣隨意走，多元運行，自可導致「一心二用」之能，並達「能量交換」之境。以「雙龍戲水」行之，動作如照片說明。

3

4

三、得道多助

匯集內外能量，呈現多元之氣，以達四兩撥千斤之效，以「側方推」技法行之，動作如照片說明。

四、陀螺飛昇

以陀螺般的意念，引氣施技，自可運用自如，以「斜打側方摔」行之，動作如照片說明。

固守中線
身隨步
3

固守中線
身隨步移
動作精練
4

9. 基本功法

非常重要，找對手加強練習，必須配合意念；左右行之，更要重複練習，以達熟能生巧的境界，打入潛識，則能量即大增矣，且不爭不鬥之心必油然而生，則「功法」即事半功倍矣。

一、跪姿功法

以不爭不鬥之意念，旋轉壓制，或隨意推出，動作如照片說明。

1. 蜻蜓點水

2

3

2. 推窗望月

①

②

3. 順水推舟

2

3

二、立姿功法

鬆肩、自然、不爭不鬥，動作如照片說明。

1. 壓制型

以穿透標的意念行之。

(1)掌壓

(2)單肘壓

3

(3)雙肘壓

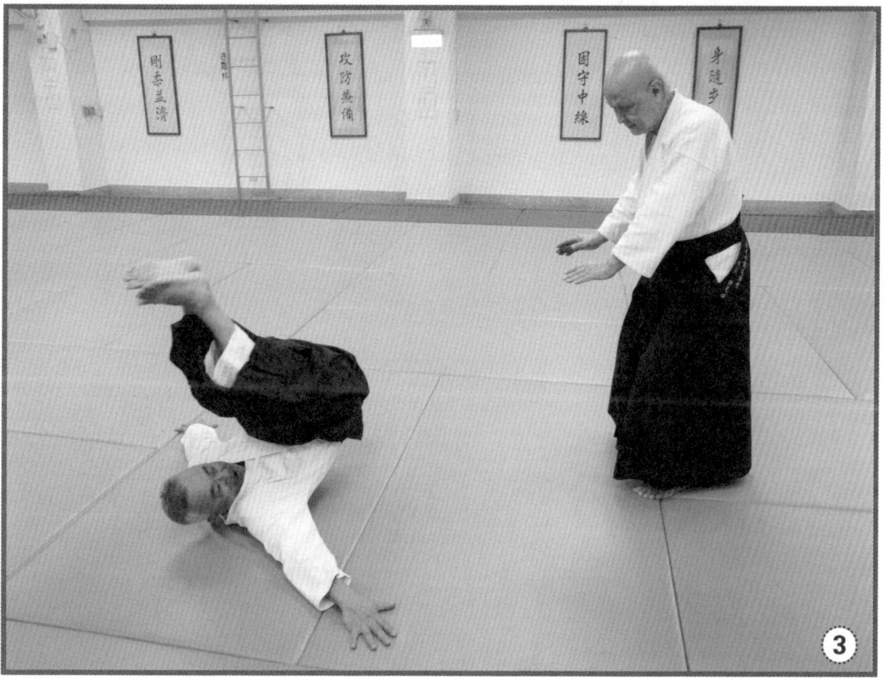

2. 推手型

以有敵手，而無敵對的意念行之。

(1)推窗望月

(2)順水推舟

(3)喉推

3. 穩定型

以圓轉意念行之。

(1)左臂推

(2)右臂推

1

2

3

10. 合氣太極五行功法

本功法宜在清晨，空氣新鮮處練習；或心情愉悅時，修練尤宜。而功法之每一動作，與五形均有密切之關係，故修練時，動作宜緩、宜穩，不宜太快，更要心平氣和，則體內五氣之五形俱全不缺，自然健康長壽。對人體健康養生，當有更積極的內涵意義。如持之以恆、勤加修練，甚至打入潛意識，則必獲益良多，且功法每式，必牽動並增強體內器官之功能及能量，更有隨興之防身功能，可謂一舉數得，切記勤練，自然健康滿分，快樂滿分。

一、人體五行

金、木、水、火、土。

二、五行代表的人體器官

1. 金：即肺、大腸。
2. 木：即肝、膽。

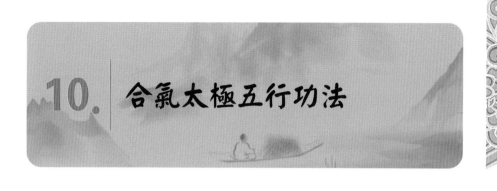

3. 水：即腎、膀胱。

4. 火：即心、小腸。

5. 土：即脾、胃。

三、合氣太極五行基本功

本功法之起式，以金、木、水、火、土五行之意念行之。並以深呼吸（金）起，次挺背（木），動身（水），張手發勁（火），後沉腰墜肘（土），每式動作如照片說明。

1. 起 式

2

3

4

2. 右迴轉式

3. 左迴轉式

4. 右擺動式

5. 左擺動式

6. 右划船式

7. 左划船式

8. 右揮臂式

9. 左揮臂式

10. 右入身式

11. 左入身式

攻防兼備
固守中線
3

12. 左軸心式

1

2

3

13. 右軸心式

14. 順壓式

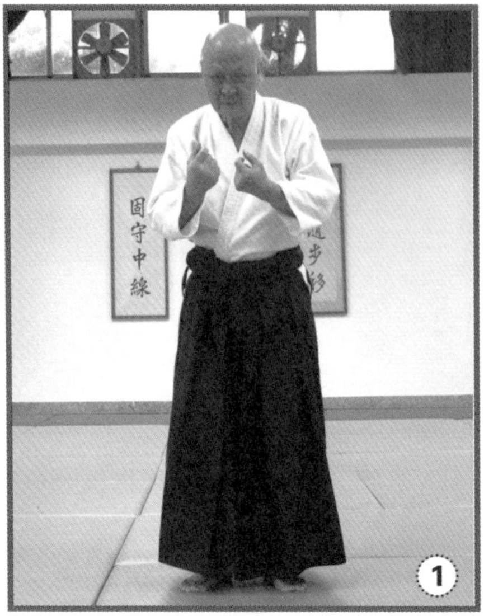
固守中線
隨步移

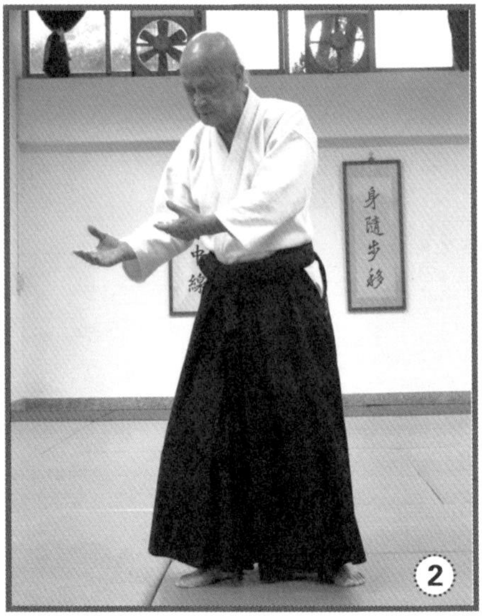
身隨步移

15. 逆壓式

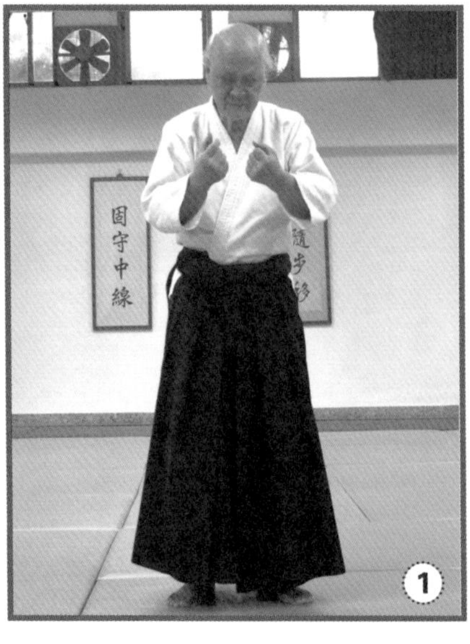
固守中線
隨步移

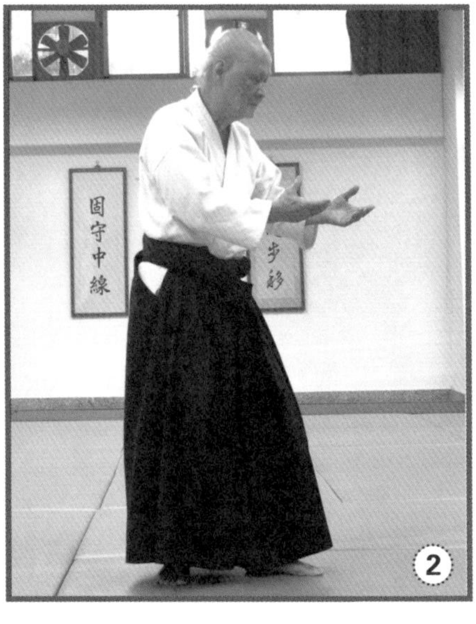
固守中線
步移

16. 順逆壓

17. 逆順壓

18. 右拒乘式

3

4

19. 左拒乘式

1

2

四、合氣太極五行十八式

每式動作如照片所示。起式如基本功法所示。切記，以五行（金、木、水、火、土）意念行之。

1. 起 式

①

②

③

2. 旭日東昇

1

2

3

3. 迴轉乾坤一式

4. 迴轉乾坤二式

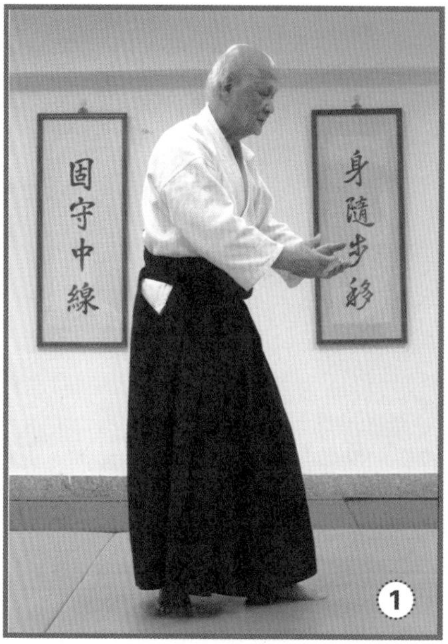
固守中線
身隨步移
1

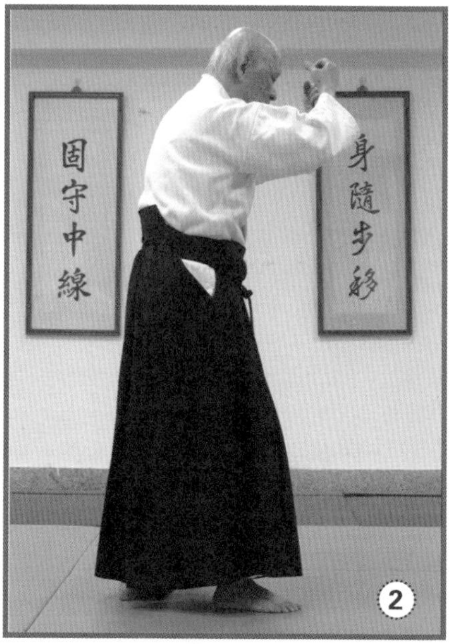
固守中線
身隨步移
2

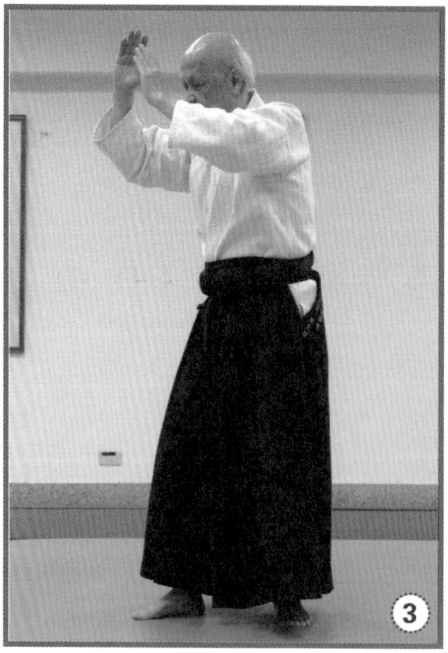
3

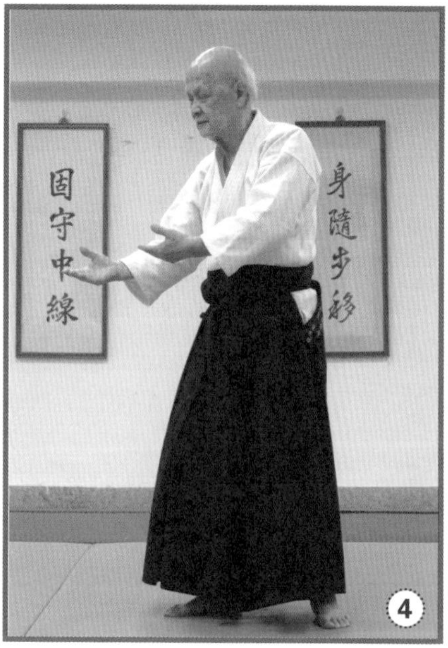
固守中線
身隨步移
4

5. 雙龍戲水一式

1

2

3

6. 雙龍戲水二式

1

2

3

7. 雁落平沙一式

1

2

3

8. 雁落平沙二式

1

2

3

9. 龍翔鳳舞一式

10. 龍翔鳳舞二式

11. 五氣朝陽一式

12. 五氣朝陽二式

1

2

3

13. 神龍出海一式

14. 神龍出海二式

3

4

5

6

15. 魚躍龍門一式

①

②

③

16. 魚躍龍門二式

17. 風起雲湧

18. 大地回春

五、接氣（實體、隔空）功法

切記「接氣後退跑或走」。

1. 應用基本功法中之：（1）跪姿功法、（2）立姿功法中之動作，做為實體接氣之鍛鍊功法。

2. 最後以「訊息導引」的意念去做「隔空接氣」鍛鍊，以趨近隔空接氣之意境。

3. 本功法之鍛鍊，務必聚精會神，專心一致，與對方合氣，更要放鬆身心，且重複多練，自可到達接氣之理想境界。

1

2

3

4

5

固守中線
攻防兼備

11. 防身術功法

值此多元化社會，人與人之間的接觸、摩擦，在所難免，防身術勢將成為現代人必備的另類生活技能。故以勤練，熟能生巧，而化為潛意識，自可達隨機應變之能。

一、十方步

共五型十步，動作如照片所示。

1. 前繼步：含左、右二式

①

②

2. 斜繼步：含左、右二式

1

2

3. 縮繼步：含左、右二式

1

2

3

4

5

6

4. 前運步：含左、右二式

1

2

3

4

5. 前旋步：含左、右迴旋二式

1

2

3

4

二、六身法

三型六式，動作如照片所示。

1. 前推式

(1) 左旋式

(2)右旋式

1

2

2. 後拉式

(1)右閃左轉式

(2)左閃右轉式

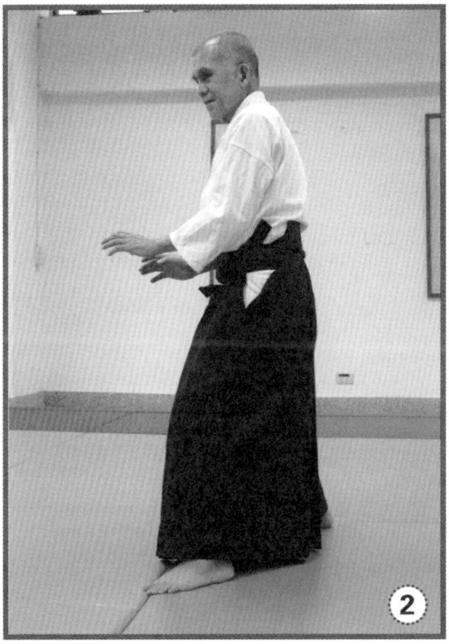

3. 入身式

(1)左直角入身式

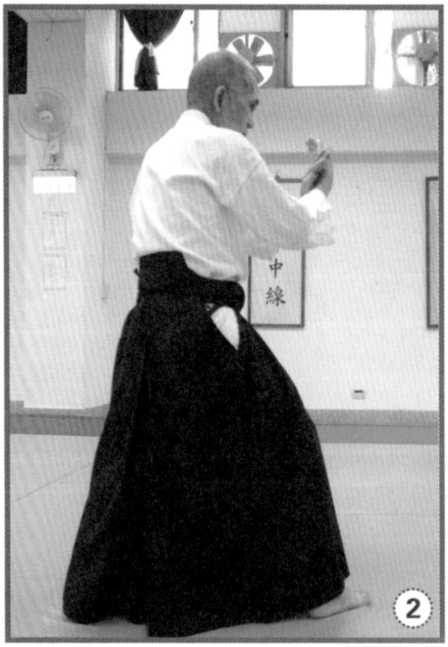

(2)右直角入身式

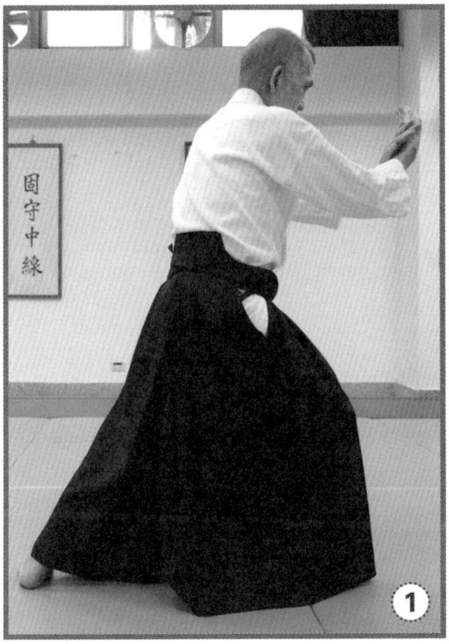
固守中線
1

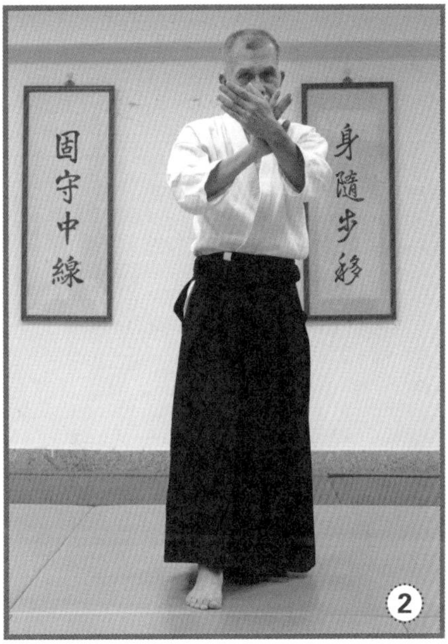
固守中線
身隨步移
2

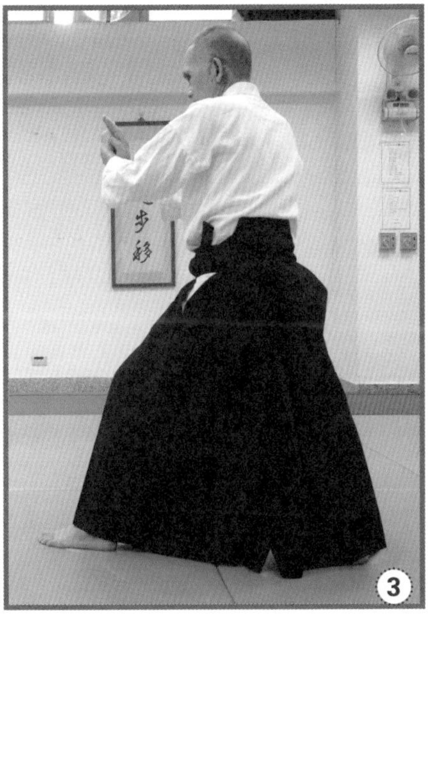
3

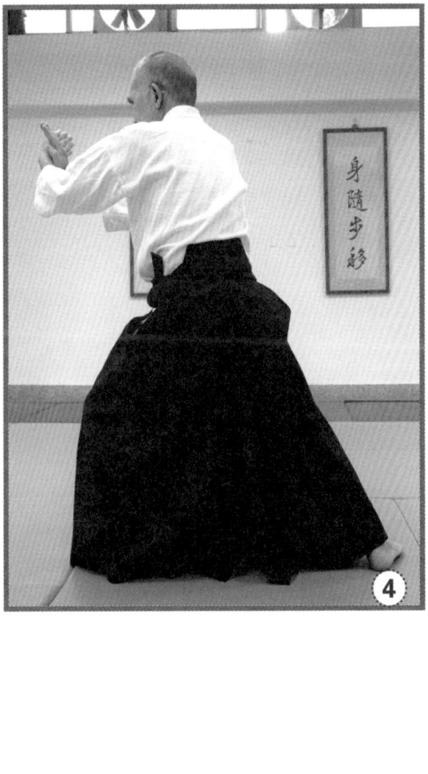
身隨步移
4

三、擒拿術

分左、右輪流練習，動作如照片所示。

1. 順單拿

2. 逆單拿

3. 順單逆轉

4. 逆單逆轉

5. 拒拿術

（如拒上計程車）

四、反擒拿術

亦即反技法。務必擒拿技法，熟練後再練，不可本末倒置。動作如照片所示。

1. 順單反拿

3

4

5

2. 三教反技

3. 四教反技

4. 六教反技

5. 反手反技

（亦可用於反反手奪刀技）

五、進階防身術

為實用型防身術，更切實際。

1. 徒手式

動作如照片所示。

(1)抓胸式

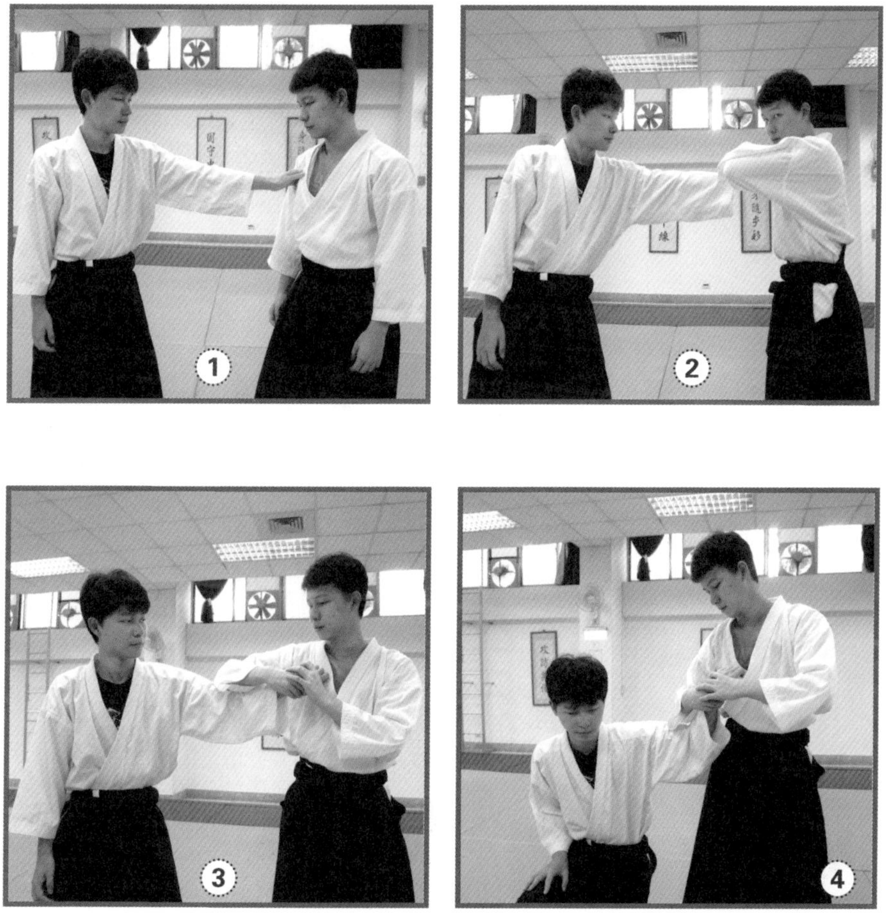

(2)握手寒暄式

(3)側方搭肩式

(4)後勒頸式

(5)前擒抱式

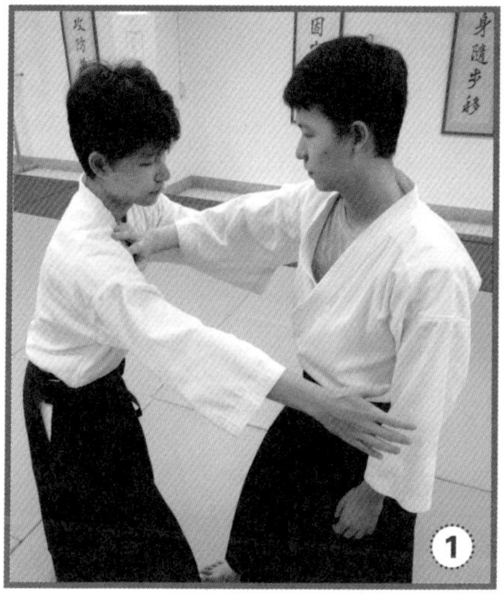
身隨步移
1

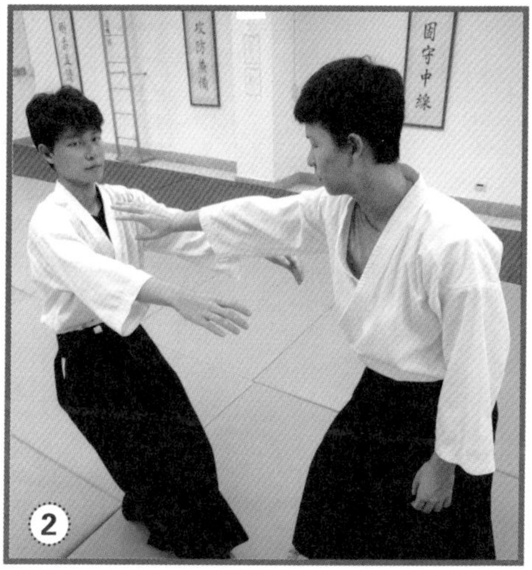
固守中線
攻防兼備
2

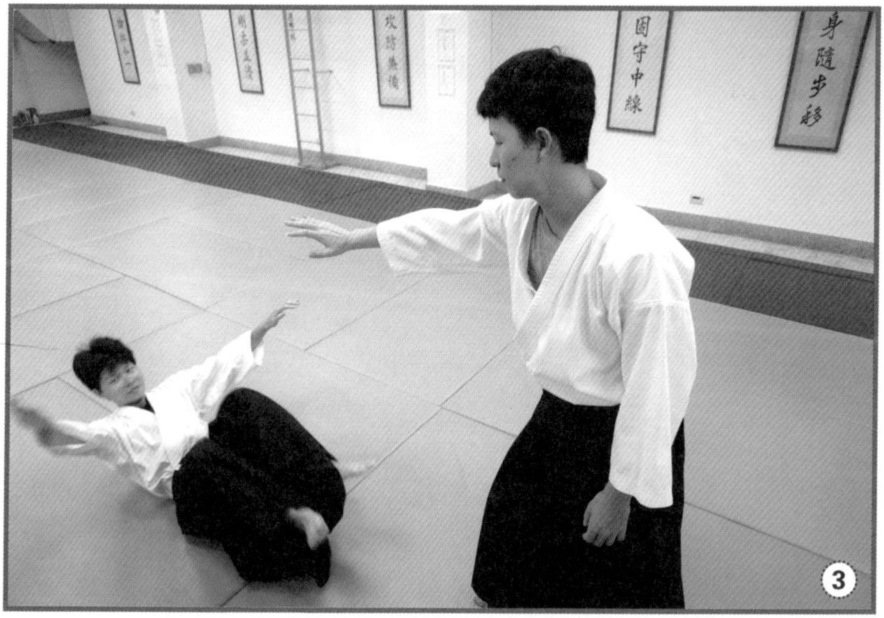
身隨步移
固守中線
攻防兼備
3

(6)後擒抱式

2. 奪刀術

奪短刀術，共三式，動作如照片所示。

(1)正刺(或砍)：由上向下刺（或砍）

(2)斜刺(或砍)

1

2

3

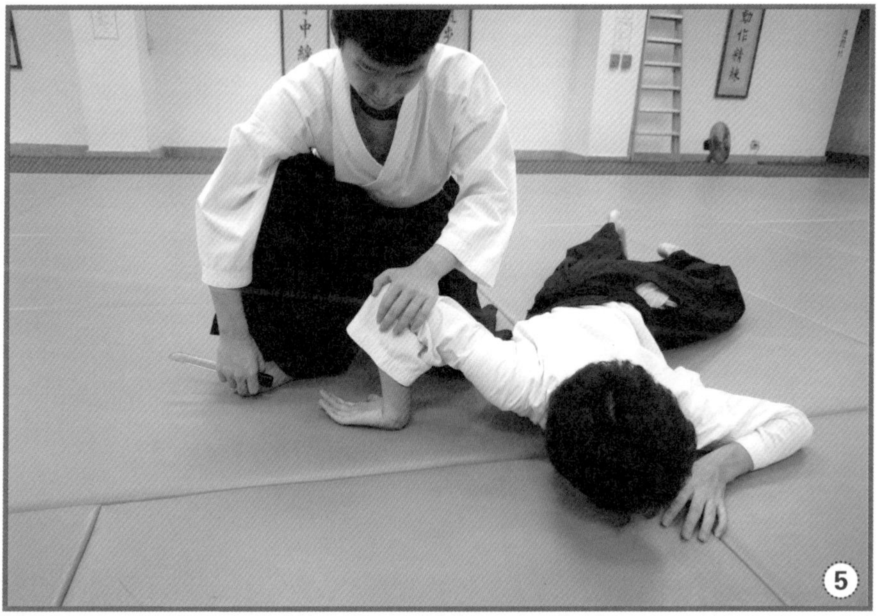

(3)前刺

固守中線
4

攻防兼備
固守中線
5

六、十方劍

兼具防身、練氣之功能，惟以練氣為主，故動作宜慢，不宜快並以氣配合招式為佳，起勢、收勢、技法動作如照片所示。

1. 正 劈

①

②

2. 右劈

①

②

3.左劈

1

2

4. 右劈刺

5. 左劈刺

6. 飛燕剪

1

2

3

4

7. 迴旋劈

1

2

3

4

5

6

7

8. 正劈刺

9. 揮劍式

10. 歸原式

①

②

3

4

5

6

7

8

七、十方杖

練氣防身兩相宜，以練氣為主，並以氣連貫技法為宜，起勢、收勢、技法動作如照片所示。

1. 膽前

2. 顧 後

3. 左 探

4. 右削

5. 迴馬槍

2

3

6. 正反劍

1

2

固守中線
3

固守中線
4

7. 紅纓金槍

1

2

剛柔並濟
固守中線
3

固守中線
4

8. 霸王鞭

攻防兼備
固守中線

剛柔並濟
固守中線

9. 八方風雲

1

2

3

4

10. 會中州

1

2

3

（八）十方棍

本棍法兼容劍、杖技法，並蓄練氣、防身，亦可做為銀髮族護身之隨身杖，可說是一棍多用，起勢、收勢、技法動作如照片所示。

1. 風雲起

1

2

3

4

5

2. 正擊式

1

2

3. 右擊突

4. 左擊突

5. 斜飛式

①

②

6. 迴旋擊

1

2

7. 正擊刺

1

2

3

8. 迴馬棍

1

2

3

9. 正反擊

3

4

10. 八方棍

1

2

12. 「合氣道」、「太極拳」之淵源關係與「合氣太極養生功」之關係

一、歷史、技法淵源

1.「合氣道」是一種以柔克剛，武而不爭、和平仁愛的武道。是由日本人——植芝盛平先生所創。

植芝先生年幼體弱，為了強健身體，且滿足練武之心，幾乎耗盡大半家產，修習日本所有知名武術，然學成後，卻覺得內心空虛異常，因而往宗教領域，尋求心靈慰藉。

而在一次傳教與演武之旅，遠到中國的東北。由於酷愛武術的心性，乃在東北與「太極拳」結緣，並切磋多年，回日本後，始創「合氣道」。此為「合氣道」、「太極拳」淵源關係之一。

2. 台灣合氣道的領導者——李大老師清楠，於五十多年前，引進「合氣道」後，更是不遺餘力，用心推廣，令人感佩。並在一次頒贈蔣緯國將軍「合氣道榮譽五段」的儀式中演武，蔣將軍更在會中盛讚李老師精湛的武技，並強調：「合氣道」就是「武

太極」。以蔣將軍，自幼習武的淵博武學家世，更可見證。此為「合氣道」、「太極拳」淵源關係之二。

3. 記得2005年，為了參加在高雄舉辦的「世界運動大會」，我們合氣道界的朋友，也在高雄辦一場演武大會。猶記得本人亦參與演武，場面非常熱鬧、盛大。當演武大會結束，我們準備離去候車時，忽然在我面前，出現一位年約五、六十歲左右的朋友，從他自我介紹中，得知他是一位教「太極拳」的老師。他興奮的問我是不是陳景雄老師？我回答：「是！請問我們認識嗎？」原來他有買我的《合氣心法》一書；接著他又說：「陳老師！您剛才表演的『太極寸勁』太精采了，也太震撼了！」我聽了後，告訴他：「那不是『太極寸勁』，是我『合氣心法』中的『隔山打牛』。」聽了我的回答後，當時我察覺他的眼神略顯失望，於是我立刻補上一句：「其實萬流歸宗，都是一家，只是名稱不一樣罷了。」

他聽了以後，很快恢復了笑容，並且希望我將來能到高雄來，教他們「合氣心法」。當時因為時間匆促，所以沒詳談便離開了。由此可知「合氣道」、「太極拳」確有不少雷同之處。

此為「合氣道」、「太極拳」淵源關係之三。

4. 筆者以四十多年修習合氣道的經驗，與近十幾年來與太極拳界不少朋友請益、探討，更令我受益良多，增廣見識；因而也領悟到不少「合氣道」、「太極拳」相通之處。例如「合氣道」有很多的技法，或全部或局部，與「太極拳」之八大技法，有頗多相通之處。例如「合氣道」之“正面打一教反面技法”的動作，就是「太極拳」八大技法中之掤、捋、擠、按之應用，又“斜打六教技法”的動作，即採、捋、肘、靠之應用。此為「合氣道」、「太極拳」淵源關係之四。

綜觀以上四個「合氣道」、「太極拳」之淵源關係，就不難看出兩者之間密切的互通之處。

二、氣，技法原理之內涵淵源關係

「合氣道」與「太極拳」均強調不鬪之原則，且兩者均認為「氣」是由宇宙間濛濛之氣所形成，這種由無到有，創造生命的原動力即為「氣」，也就是「能量」；亦即由宇宙之混沌無極而產生，即所謂無極生太極，而太極乃由動靜之「陰陽」之氣所成。動作中由動而生陽，陽極而靜，靜極生陰，靜極復動，如以循環不已。而此種陰陽動靜、鬆柔的理論，也更符合了「合氣道」與「太極拳」不鬪的真諦。

「太極拳」中，鬆柔的拳架練習，以意導氣，以氣運身，使內在意念，貫注於動作，並使內外之氣，相互鼓盪，以期身心，完全達於協調統一、和諧之狀態，且持之以恆的鍛鍊，自可改變一個人的身心，並提升個人的人格、氣質及對生命的認知，這與強調「愛的武道」的「合氣道」，可說不謀而合。

而兩者都強調——「氣」。「太極拳」透過功架與呼吸的過程，以意念來導引道家吐納功夫，以養精、氣、神，這與「合氣道」之心、氣、體，統一在最佳狀態下，產生與宇宙相融合的「天人合一」之氣，更有異曲同工之妙。

兩者除了「不鬪」與「氣」的方面，相輔相成外，更有很多相通之處。如講求鬆柔、腰腿及圓形運動等，都強調動靜、鬆柔之勁。至於腰脊方面，「太極拳」祖師張三豐之拳經中強調，其根在腳，發於腿，主宰於腰，形於手指。而「合氣道」之施技過程，也靠腰之轉向，更強調制敵機先，之搶「中心線」，而做腰腿運動，並與對方同化，且不予抗衡：如「合氣道」之左右擺動、入身旋轉，更是最佳應用。圓形的閃身法，亦是進入對手死角的快速護身法。而與「太極拳」中，以無數大小圓圈運動，不停的施腰轉脊、旋踝轉腿、旋腕轉臂，而產生順逆之纏絲勁，更有同工之妙。

而「合氣道」氣之境界，完全由精神意念，與對手接觸，並形成一種氣流，這種氣的應用與「太極拳」之由心念，融入宇宙中，而達一舉動周身，俱要輕靈，尤須貫串，氣宜鼓盪，幾乎完全一致。然為強健體魄，而震盪體內五臟六腑，「太極拳」中，亦有以身撞牆之輔助運動。而「合氣道」平常的對練，均在墊子上演練，且高階動作，如呼吸摔等，皆可在墊子上，摔得淋漓盡致、通體舒暢。此亦為「太極拳」、「合氣道」，兩者都可以互通相輔之處。

而《合氣太極養生功》中導引、基本功、十八式、十方步、六身法等，功法原理內涵，幾乎與「太極拳」可說是同出一轍，只是呈現的文字，表達的方式不盡雷同，而以較淺顯及生活化的言詞表現。冀望不論高手、初階者，皆能受益。

正所謂「大道至簡、至易」，所以「黃髮」、「垂髫」皆可怡然自得，更希望這種可以是「獨善其身」，又可「兼善天下」與「推己及人」的功法，不只是生理上的鍛鍊，更是心性上的修持，因而可以「活到老、學到老」，還可不斷自我提升、精進，以達至善境界。這就是本功法最可貴之處。

末了期盼大家，能本著「天下武術本同源」的心境，捐棄門派之見，以「太極拳」之練氣歸神、虛實開合，與「合氣道」之「精練致用」原則相融合，必能開啟更美好的天地，以發揮健康、樂活、自由自在的美好人生。

13. 「合氣太極養生功」最符合現代人健康、樂活的養生功法

常聽人說：「健康不代表一切，但一旦失去健康，那就表示你將失去一切。」相信大家都聽過這一席，不經意卻又發人深省的警語吧！

有時我們想想，這一輩子忙忙碌碌，到底所為何來？也許大家都有一大套的大道理，但各位是否察覺到，最近體力有些大不如前？且易感疲勞，甚至感冒生病呢？如果我們再深入，捫心自問，這一輩子，以這個身體去打拼事業，所付出的心力，對比於對這個身體的健康，所付出的心力，是否成比例呢？相信大部分的人，都會無言以對。

我們都知道，自然界「土石流」的恐怖，那都要歸咎於人們不重視、不愛護大自然，所招致的惡果。同樣的，如果我們也不愛護、不疼惜我們的身體，那麼我們的身體，很快地也會像自然界土石流般的反撲，屆時百病叢生，後悔就來不及了。

因此我要再次呼籲，五十歲以後的人生，除了事業成功，家庭幸福外，更應該將個人身心健康，列為最優先，因為「健康」

才是人生最大的財富，也是人生最大的福報。

根據臨床醫學的統計，六十到六十九歲，是人類發病的高峰期；諸如高血壓、糖尿病、慢性支氣管炎、動脈硬化、冠心病，乃至白內障、癌疾等，皆好發於這個年齡層。且目前年齡層，更有明顯的下修趨勢，令人擔憂。

常言道「人生七十才開始」；如果50～59歲，能善加保養身體，降低身體老化程度，自然有助於避開60～69歲的疾病危險期，到了七十歲後，才能真正健康地，享受「人生七十才開始」的彩色人生。

因此，保健專家建議我們，50～59歲要建立起防衰老的心理準備。盡量避免不必要的應酬，也要避開有礙身體健康的刺激行為；飲食、生活、起居，應該力求清淡、規律、簡單。不要過勞，也不要增加心理、生理的負擔；更不要自恃寶刀未老，而肆無忌憚。

當然，要「緩解老化」，又要維持「生命活力」，除了前面這些消極的注意事項外，「練氣」一途，才是五十歲以後的人生健康、樂活的重要積極選擇。

我們的都知道，「氣是天地萬物生命的根源」。自然界所有的生命，皆由宇宙間，似有似無的濛濛之氣所形成，這種由無到有，創造生命的原動力，就是「氣」，也是一種「能量」。事實上，「氣」與我們生命的活力，有著密不可分的關係。例如晨起，如果睡眠充足，自然精神飽滿，神清氣爽；反之精神萎靡，神疲氣衰，毫無生命力可言，因此日本人說：「生病」叫做「病氣」，就是「氣」病了，即是這個道理。

有鑑於「氣」，對「生命、活力」的重要性，所以本功法，特別提出一種最符合現代人「健康」、「樂活」的練氣功法——「合氣太極養生功」，與大家分享。

首先談到，「合氣太極養生功」，具有下列三個特色：

（一）本功法是由「氣功」、「防身術」、「活法」等三合一的功法，不但可獨善其身，還可兼善天下。

（二）本功法兼容「技法」、「運動」，並蓄「導引」、「吐納」與「禪」等，性命雙修的好功法。

（三）本功法藉「合氣太極五行基本功、十八式、十方步、六身法」等，及「心誠、意純、氣正」鍛鍊身心，並以無限平衡的「心靈」完成圓滿的人生。

下列將本功法分為三大主軸。

1. 第一大主軸是「氣功」

「氣功」種類繁多，且人言人殊，因此本功法特別將「氣功」簡化為兩大類：

（1）狹義的氣功：

定義為 $W=F \times S$，即（功）＝（力）×（距離）。

① 當 $F\neq0$、$S\neq0$，則 $W\neq0$ →表示有功，便是氣功。

② 當 $F=0$、或 $S=0$，則 $W=0$ →表示無功，即不是氣功。

（2）廣義的氣功：

定義為W＝F＋S，即（功）＝（力）＋（距離）

① 當F≠0、S≠0，則W≠0→表示力與距離並存，當然有功，即為氣功。

② 當F≠0、S＝0，則W＝F→表示不管力道（F）有多大，也無法產生距離，只是一種感覺（Feeling），即為氣感。

本功法認為「狹義的氣功」與廣義的「氣感」統稱為「氣功」。

至於何謂「氣功」，前面曾談到「氣功」是一種「能量」，

直白的說：「氣功是一種靈魂的力量」，既談到「靈魂」，就要牽涉到「肉體」。因此一般對氣功的定義為，內修靈魂、外練肉體，的一種內外兼修的功法，就是「氣功」。

而本功法，對氣功則有更嚴謹的定義，本功法認為「氣功」，不但是一種身、心、靈的鍛鍊，更要身心平衡，靈體一致，內外兼修的功法，才叫「氣功」。否則往往會造成生活上不必要的困擾。針對這點，我要提出一個實際案例與大家分享。

記得當年我仍在學校服務，有一年來了一位年輕的女老師。據說這位女老師，對氣與靈修方面頗有研究，因此不久，這位女老師的辦公室，便門庭若市。

有一天下課時間，這位女老師帶著她班上的學生到我辦公室，請我幫她的學生調氣、療傷。剛開始她是坐在這位學生的前面，當我開始運氣，幫她學生療傷治病，不到幾分鐘，她便匆忙

的跑出去，等我將學生的傷治得差不多了，且在她的學生走後約十來分鐘，她又回到我辦公室，而且開口便問：主任！您剛才幫我的學生調氣治病的時候，您頭上好多的「穢氣」，我好害怕，但您為什麼不怕？當時我聽了後，就笑著跟她說：因為我有功啊！從此這位女老師，偶爾也會到我辦公室，探討有關「氣與靈」方面問題，當時我就覺得，這位女老師，對「靈」方面頗為偏頗。

後來有一次，我印象很深刻，那天正好是學校畢業典禮，當天早上大約八點半左右，這位女老師，匆匆忙忙的跑到我的辦公室，當時我只見她氣色很差，她又說：她頭很暈，胸口很悶，想吐又吐不出來很難過，請我幫她調氣治病。於是我就運氣幫她調理。當一切都恢復正常的時候，我就問她：妳今天為什麼會這樣呢？她居然說是：昨天她家鄰居作喪事，今天早上經過那裡，到學校來就這樣了，她也不知道為什麼會這樣？

由此可知，練氣一定要練，身心平衡、靈體一致的內外兼修功法，才不致造成生活上不必要的困擾，否則就像我們這位女老師一般。

2. 第二大主軸是「防身術」

可分為「護身」、「防身」，兩個層面。

（1）護身：就是要預防日常生活或是交通意外造成傷害。針對「護身」，我個人有一次切身的經驗：

記得幾年前一個下雨天的早上，到附近的郵局去辦事，當我從郵局出來時，撐著傘沿著斜坡走，走著走著，發現對街上，有很多的人都抬頭往上瞧，所以我也好奇的往上看，原來是有一道非常漂亮的彩虹，也許是彩虹太漂亮了，或者是我的拖鞋太舊了，就在一個專注與恍神之間，整個人就摔出去了，當時我及時運用「護身術」，倖免受到傷害。當我剛站起來，就有兩位年輕人過來問我說：「老伯您沒事吧 !? 」我馬上回說：「沒事！沒事！」他們又說：「老伯！您好厲害！」雖然老伯很厲害，但那天午覺起來，覺得腰有一點酸。心想如果不會「護身術」，可能後果就不堪設想了。

所以，我在此呼籲，五十歲以後的人生，對「護身」的觀念，一定要嚴肅的態度面對，千萬不可輕忽。

（2）防身：防身的概念是，當事件發生時應盡速遠離現場，萬一來不及時，要保持鎮定，當對方要攻擊你的時候，首先要避開對方的攻擊線，進入對方的死角，給他一記簡單有效的一擊或推倒，然後迅速離開現場。針對「防身」我也要提出一個實例與大家分享：

記得以前我們道館，每年都有招訓「防身術」班，有一年，來了不少男女學員，他（她）們表現都很認真。其中有一位女學員表現更是突出，她不但每次都是全班第一個到，並自動簡單整理道館後才加入練習，與同儕之練習從不缺席，對晚輩的指導更是熱心，據說她熱心到連她家附近街坊鄰居、親戚朋友，她都會教他（她）們學會防身術。

有一天，她在道館告訴我說：「她表姊妹，上周末到夜市去逛，逛著後準備回家時，看到一位怪叔叔，一直在盯著她們看，當時她們很緊張，直到離家不遠處，表姊才回頭看，沒想到那個怪叔叔就跟在她們後面，而且居然伸手去抓著表姊的手往前拉，當時表姊真是嚇死了，後來想起平時練的防身術，就給他一記關節技，再將他推倒，然後她們迅速的跑回家。翌日告訴她表妹說：「表妹！妳們老師教的防身術太棒了，以後我一定要更認真的學習。」接著這位女學員並感激的說：「感謝我教她防身術，以致連她表姊妹也受惠。」

值此多元社會，人與人之間的接觸、摩擦，在所難免，我想「防身術」，將來也許說不定會成為現在人生活另類必備的技能。當然「防身術」不是看一些光碟或聽聽，就可學會的，一定要實際修參與練習，方能實用。

3. 第三大主軸是「活法」，而「活法」其實就是「醫術」

我們又將「活法」分為「自癒」與「治病」兩個層次：

（1）自癒：猶記得十幾年前，我開始教「氣功」，由台中教到台北後，由台北教回台中。這十幾年間，我看到很多的學員，因練這個「功法」後，而把病治癒的例子，確實不少。遠的不提，我要說的是目前還在跟我練的，一位扶輪社的社友，姑且將他的名字，叫做「X先生」。

記得當年我到X先生的扶輪社去演講，當演講結束，我準備離開時，忽然在我眼前，呈現一位肥壯的身影，當他靠近我的時候，我就聞到一股怪味，當場我就意識到，這位X先生身上一定有不少毛病。

果不其然，X先生開口，便問：「教授！我身上有五、六種病，請問練您的這功法會好嗎？」

當時我聽了之後，便笑著對他說：「你的身體都這樣了，你再不好好鍛鍊，將來你的身體狀況一定會越來越差，當然你來練這功法，雖不能馬上立竿見影，但只要你持之以恆，相信也許總有一天，會讓你有意想不到的結果。」

當時我也講得很含蓄，沒想到他第二天就來參加練習了。剛開始我對X先生並不看好，因為前40分鐘的功法課程，他居然大部分的時間都在休息，其實這也難怪，因為X先生患有「心瓣膜，閉合不全」的毛病，所以只要稍微多動一點，心臟就受不了，當然要充分休息。

但後來我觀察，X先生每次都是班上第一個到，而且從不缺席，看他堅忍、努力學習的樣子，我也頗受感動，所以偶而也會運氣，幫他灌氣、加持。這樣大概將近一年，有一天我發現，這40分鐘的功法練習，X先生居然可以一氣呵成，中間不用休息，當時我真替他高興。後來又過了兩年，前前後後，大概歷經了三年。

有一天我剛到道館，X先生便跑到我的面前給我行一個大跪禮，並且聽到他說：「老師！我今天在此要特別感恩老師，給我機會鍛鍊這個功法，以致我現在的身體狀況，跟以前簡直判若兩人。」

說著說著，聽他娓娓道來，原來三年多前，X先生有一位在榮總任主治大夫的同學，當時就勸他，趕快去裝心臟支架，並檢查他的攝護腺，認為兩年後；也要開刀。但X先生沒去裝支架，卻跑來跟我練功。他說兩個星期前，他去找他的這位同學，當他的同學看到他時，對他的體態、膚色、活動力等讚不絕口，並檢查他的攝護腺，發現竟然已經好了八、九成，令他的這位醫生同學，嘖嘖稱奇！臨別時他告訴X先生，雖然一切都出乎他意料之外，但是他以一位醫生的立場，還是希望X先生，去做一次徹底的身體檢查，確定是否要裝支架。於是X先生第二星期便去做體檢。剛開始護士小姐要他在跑步機及一些儀器上，做許多有簡單、有複雜的一些動作，他都輕鬆地一一完成，以致那位護士小姐，還懷疑問他說：「X先生，你確定有心臟方面的毛病嗎？」他當時聽了，內心感到爽呆了！

後來報告出來了，主治大夫告訴他：「按照目前的身體壯況還算不錯，但往後身體狀況就可能隨著年齡增長而每況愈下，所以希望X先生盡早裝支架。」X先生當時聽了以後，也不置可否 ，只是微笑以對，後來到他主治醫生的同學處看報告，沒想到他同學看了檢驗報告後，居然跟他說：「不用了！三八（台語發音）。」他當時聽了感覺比中特獎還高興。後來X先生又發現他的三高等其他的一些毛病，都不藥而癒了。而最讓X先生感到特別高興的是，每當碰到老朋友，都會跟他說：「X先生！你是吃了甚麼東東？怎麼看起來年輕十幾歲耶！」開始他有些懷疑他們的說法，但後來發現幾乎所有的老朋友都這麼說，所以他也就更有自信了，這也難怪X先生已經由86公斤的體重降到68公斤了，而且身材、氣色、活力跟以前相比，更是判若兩人，難怪他的老朋友都這麼說。

說到這裡，X先生又要跟我行大跪禮，我立刻一把拉他起來，並告訴他：「好了！趕快去練吧！」

看到他充滿自信、輕鬆的背影，忽然令我想起那一句勵志的諺語：「不經一番寒徹骨，焉得梅花撲鼻香。」

（2）治病：談到氣功治病，個人大概有三十幾年的經驗，從學校的學生、老師、同事與合氣道界，由南到北的道友，及登山認識、不認識的山友，以及參加國際演武大會、研修等，碰到受傷的外國朋友，我都會主動幫他們療傷治病，因此這些療傷治病的例子，可說是不勝枚舉。

下面我就舉兩個例子，與大家分享：

① 當年我的一位學生，他父親七十九歲那年，因心臟病，到榮總去開刀，據說一切順利，翌日便住回普通病房，且經主治醫生複診，認為大概十天，最多兩個星期便可出院。但後來經過了三個星期，仍然無法出院，所以我的學生就急了，打電話來求助。第二天我就到他父親住的病房。剛到病房時，並未看到我的學生，只看到他父親躺在床上，眼睛閉著，呼吸很微弱，胸口仍裹著一些紗布。於是我就二話不說，將手掌放在他父親的胸口

上，開始運氣幫他調氣治療約十分鐘，他父親忽然張開眼睛，並叫俊杰！你的朋友來了，你為何還不出來？我的學生立刻從另一房間出來，而且開口說：「太神奇了，這三個星期來，我父親講話，我都要儘量靠近才聽得到，沒想到今天在房內就聽到了，太好了。」我告訴他：「氣已通了。」結果那天下午他打電話給我說，他父親已出院了。

② 記得那年有一位好朋友，打電話告訴我說：「他哥哥的女兒，生下來便得『膽道閉鎖』的毛病，經人介紹到這方面的專科醫院——台北馬偕醫院去治療，開刀後，又演變成肝癌，而據說像這樣情形的小孩，當時大概有十幾位，而他哥哥的女兒，是其中狀況最嚴重的一位，因此主治醫師希望他們帶回家自理，因為他們已經盡力了。」說到這裡，他忽然問我，教授！你會治肝癌嗎？當時我聽到後愣了一下，他又說：「我這位姪女真可憐！沒想到生下來，不到一年又得回去了！」我聽了之後，不禁觸動起惻隱之心，並馬上回答他：「好吧！你來載我！」

很快就坐他的車到他哥哥家，進門就看到這個女娃兒，躺在客廳的小床上，全身膚色，呈灰黃色，小眼緊閉著，呼吸有一搭沒一搭的，腹部高高鼓起，於是我就直接將手掌放在她鼓起的小腹上，開始運氣，幫她調氣治病，還特別把時間延長，直到三十分鐘才停下來，表面上看起來病情似乎沒有改變，於是告訴他媽媽明天再來，看他媽媽略帶失望的眼神，我內心也很糾葛。翌日車子剛到他哥哥家門口時，就看到他大嫂飛奔出來，且聽到她說：「教授！感恩啊！」並且告訴我，昨天我離開大約二、三小時後，她女兒的大小便都排出來了，腹部也平了，膚色也好了一大半，眼睛也張開了。我進去一看，原來還真是一位漂亮的小女孩呢！後來我又去了兩三回，見她一切都正常了，我就建議他們再回馬偕複診。

據說主治醫師非常驚訝，也告訴小女孩的媽媽，女孩的病情已恢復九成左右，並建議他們帶回家繼續治療。就這樣，我又去了三回，看到她一切都跟常人無異，我就沒再去了。也許有人要問，小女孩後來怎麼樣了？我說緣分就是這麼奇怪！

沒想到過了八年後，我這位好友又打電話給我說：「她的姪女，十幾天前因胃出血，送到中山醫院，結果到現在還查不出原因，仍在出血，所以他又想起了我，請我幫忙。翌日他帶我到醫院時，看到當年的小女孩，現在已經是婷婷玉立了，只是眉宇間略顯憔悴。於是我就將手掌輕按在她的胃部，開始幫她調氣治病。經過了十五分鐘，我就停下，並且告訴她叔叔應該沒問題。結果那天下午，他打電話告訴我，他姪女胃已不再出血，所以他們已經出院回家了。

從上述兩個病例，讓我深深體會到，「氣功治病，不但是事實，更有畫龍點睛的效果」。

14. 成果展演(演武)

由一群年齡層涵蓋四十歲至六十五歲，且從未練過任何氣功或武術的社會菁英，包括老師、醫生、藥師、大學主管、企業主管等，十餘位學員。於二○○五年四月二十四日（星期日），參與 台灣省合氣道協會，主辦之「主席杯合氣道錦標賽」暨演武

大會上，展演學習一年多的「合氣太極」功法，當場深獲各界人士讚賞，並獲得滿堂彩，更令學員們興奮不已。

（附演武照片）

15. 結語

「合氣太極養生功」是筆者歷經，四、五十年來，師法大自然，簡單、智慧的心靈，突破框框，自由自在之功法。並契合武術實體的「合氣道」、「太極拳」，而獲得之昇華心得，亦為兼具修身、防身、養生等之應用功法。而成就此一集氣功、防身術、醫術等三合一的「合氣太極養生功」。

(一) 本功法既是三合一的「醫、武」氣功，當然有更理想的氣功表現。突破了傳統學習氣功的模式，而改以實體的動作形式為主，以完成練氣、接氣、轉換、傳功等功能，最後再輔以意念，深呼吸收氣。可謂簡單具體且實用。因此本功法之強身、防身、修身等功能，自然隨時可得。

(二) 本功法是兼容「技法、運動」，並蓄「導引、吐納、禪」等，全方位、性命雙修的好功法。首先以「訊息導引」，凝神、調息、開啟身心，藉以參禪悟道。更以「身心導引」，使氣血周流、舒暢經脈，並柔軟、強韌身體、肌肉、關節、骨骼。再配合「合氣太極吐納法」，更有聚氣，調神、收心、止念之效。

最後再以「動禪」——「合氣太極」之「五行基本功、五行

十八式」。融入獨特身法，以「十方步、六身法」為體，以意為媒，以氣為用，先命後性，先術後道。以期達到，無遮無礙，萬象通明，與自然合一之境界。

（三）本功法巧妙地，運用了「合氣」與「太極」，並融合了它的內涵。因此不論是高手，或是初階者，皆能獲益。而本功法亦可發氣，替人療傷止痛，驅邪癒病。更以最自然、有效，且無副作用的方式，激發人體自癒能力。

證諸隨我修練的醫生學員反應，認為本功法，對整日與病患為伍的他們，尤其是診治嚴重病情的醫師，所面臨的莫名頭暈、胸悶及嚴重的疲勞感，似乎有特別良好的效果，而練越久，這種現象便慢慢完全消失，而顯得精神奕奕，判若兩人。

這種不只可以「獨善其身」、又可「兼善天下」、「推己及人」好功法，不僅是生理的鍛鍊，更是心性上的修持，且可終生不斷的，自我提升、精進以達至善。

故「合氣太極養生功」，除了可使學習者，改變虛弱體質，轉為強健外，更可改變氣質，成就內外兼修，高尚人格的翩翩君子。對世道人心，有撥亂反正的效益。

而這種沒有框框，輕鬆又自然，與一般氣功的練習大異其趣的「合氣太極養生功」，更是最符合現代人健康、 樂活，不可或缺的優質氣功養生法。

希望「有緣人」，踴躍加入練習，常保健康、快樂、平安與幸福。

16. 見證心得

下述十二篇見證心得，均為跟我學習「合氣太極養生功」，部分學員的心得報告，相信能提供您一定程度的了解與參考價值。

學習「合氣太極養生功」感言

蔡峻家 2003.04.12

與陳教授認識相當久，由於我服務的學校台中高工很多前輩也在修平兼課，常去找他們聊天也會遇見陳教授，均是點頭之交。但在一年前與內人去溪頭登山，在神木遇見了教授，他鄉遇故知也就聊起來。由於同行的朋友中也多少有一些身體狀況，教授也出援手簡單的處理，使這些狀況獲得紓解，個人也很雞婆的建議為何不開班授徒呢？就埋下開班的種子，為此自提的點子，我也奔走找場地，蒙新民中學莊校長弘雄慷慨答應租借場地，彼此談好合作條件，於是「合氣太極養生功」班就誕生了。

由於此班是創始，一切均是重新開始，教授也是新手開車，學生們也均是好朋友，憑一股信念，那就是相信教授的氣功是真的，慢慢的往預定的目標前進。記得剛開始訓練，因為學員們大部分均是上了年紀的人，也很多人從來沒有柔道、合氣道或其他武術的經驗，傷兵累累。記得下課後，很多學員排隊請教授紓解傷痛，教授也很有耐心與愛心的幫助大家，使大家的運動傷害減至最低，但進步有目共睹，傷兵愈來愈少，大家的活力愈來愈強，身體也越來越健康。

記得剛開始練氣的時候，由於自己對氣的磨合程度沒有那麼好，教授在每節課的最後，均會要學員圍成一個圈圈，由教授灌氣，很多同學總是有些特別的反應（如身體會搖動，會發熱，會發汗）但我卻老神在在，由於坐骨有受傷，當兵時最怕蹲下與坐下，因為一下子腳就痲了。而本功法一樣也是要坐與跪，開始時也是很不習慣，腳痲、手痲，經努力也漸漸習慣了。雖然灌氣的反應不是很理想，但身體的健康進步，卻是自己均有感覺。以前早上只要做內、外導引，就會滿身大汗，但現在卻很正常，生病也幾乎沒有，收穫很多。學員間彼此練氣也愈來愈順，越有感覺，教授的發功我也愈接愈順，越能體會氣的存在。

總之「合氣太極養生功」，是老少均合適的功法，除了練氣外，教授把多年來合氣道最精華的防身術結合在一起，打入大家的潛意識當中，使學員，個個都充滿自信，除了健身也可防身，假以時日也可以為自己的親朋好友治治病 ，紓解他們的痛苦，這也是人生一樂也。

學習「合氣太極養生功」的心得

張雄鴻

我個人服務於新民中學總務處，年歲也快五十歲了，一直想找一個適合自己的運動均未找到，由於老師要到新民中學開班授課，開班前也有一個發表會，我看老師年歲也不小了，但發起功來，那年輕壯碩的小夥子，卻急速的飛出去，心裡想不知是真是假，但因是與新民中學合作，有學校掛保證，而且老師也是修平退休教授，台灣省合氣道協會的首席師範，這把年紀還能這樣運動，令人佩服，我想這應是我要找的運動，能長長久久運動有恆至老，因此我就報名了。

記得第一次上課，老師強調的是規矩，大家分組練習要做個好磨刀石，練習者要感謝被練習的，被練習的要放下身段配合演出，彼此練習開始要互相的跪姿敬禮 ，單元練習要互相跪姿敬禮道謝。不論老少，大家均抱著感恩的心，感謝夥伴們彼此間的幫助，促進我們的精進，對我這個江湖走透透的人，是一個新的體驗也從練習中學會感恩與惜福，感謝夥伴們給我的鼓勵，讓我覺得「合氣太極養生功」班有如一個大家庭，大家和和氣氣，不論階級大家均是好朋友，也好喜歡每次的上課。

個人以前從沒有接觸到氣，而氣又摸不到，個人又對氣比較遲鈍，剛開始看到很多同學，接氣已接得不錯，我還是在門外徘徊，是有點洩氣，每次老師也特別的指導，但是接老師的氣就是接不到，直到某一天（已經練習兩個多月了）老師一發氣，結果我就有如被丟回去的物體翻滾出去，噢！原來這樣子就是接著了氣。從此我就入了門，接氣可以說在學員們中算不錯的，所以勸學「合氣太極養生功」的後進們，要耐心並持之以恆，總有一天接氣就會愈來愈順，因為本班每個人接氣均接得不錯，也感謝老師費心的教導。

個人的體驗本功法有健身、防身，也可以為人治病（這是更高層次），每次到了道館，自己所準備的毛巾總是汗水淋淋，身體更是濕濕的，可見運動量之大，但是對我這種中年人又不會產生運動傷害，我推薦大家有機會快來學「合氣太極養生功」吧！

補充一點，上次在宜寧中學合氣道大會的表演中，我與王琦同學的功法立姿中的「推窗望月」表演，只見王琦同學一推，我就不由自主的往後退，然後不可能的事情發生了，我翻滾了，起來以後，一直佩服王琦同學的氣真強呀！可見專注也是練氣得一種功法，大家只要恆心與毅力，「合氣太極養生功」是適合人人練的功法。

「合氣太極養生功」與我

王 琦

從小我就對武俠故事中的大俠崇拜不已，一心想像他們具有一身高來高去的本領。隨著年紀漸長，雖不再作這種不切實際的夢，但對武術的喜好依然，只無良緣得遇明師。求學期間也曾在學校社團短暫接觸過少林拳、跆拳，但因為過去肩、腿曾受運動傷害，練起來有所困難，最後也不了了之 。

在新竹讀研究所時，我對合氣道產生了興趣，但當地並無合氣道館，故仍無法如願。直到回台中任教，遇到陳教授開設「合氣太極養生功」，有此機緣，當然不能錯過了。這門功夫萃取合氣道的精華，融合了氣的修練，兼具防身、 健身、 養生、 治病的功效，可謂一舉數得。

「氣」，每個人都有，但是要如何引導出來，如何增強，如何將之發出 ，如何意到氣到呢？就我以前對氣功的淺薄認知，總以為非得花個八年十年的無法做到。但依陳老師的這套導引術練習，短短幾個月內，居然對氣已經可以有很強烈的感應，氣隨著呼吸運行，也如呼吸一般的自然，意念一動，氣就跟著動，隨時充滿著四肢百骸，舒服無比。隨著一次又一次的練習，氣也逐漸的增強。氣在自己體內走還不稀奇，在練習蜻蜓點水、 推窗望月、 順水推舟時，我們在輕觸對方時就可隨手發氣將人推出，使其連連後退。雖然對氣的控制技巧仍有待琢磨，但在不到一年之內能有此境界，這都得歸功於老師的功法之妙。而在以前看老師隔空發氣推動高段師兄的示範，每個人心裡大概都會閃過一個念頭：這不會是套招的吧，哪有這麼厲害的？如今，我們每位學員都能隔空接到老師的氣，正如師兄一般。這一切，親身經歷過的人絕對不會再有懷疑。

練了氣，還可以處理身體的一些傷痛，我們偶有自己無法處理的病痛，也會請老師幫忙過過氣。但老師告誡我們，有自己能力不足時，不可以隨便幫別人處理這些狀況。有一個晚上，我太太因胃痛而一直無法入睡，三更半夜的也不知要到哪兒去就醫，雖然老師的告誡猶在耳際，但實在沒辦法了，姑且一試，手掌貼到她的胃部，帶著氣緩緩繞行，結果不到一分鐘，她說不痛了，實在是神奇無比。有了這次經驗，她每次胃痛或因月事而身體不適，就常找我幫她，每次都有奇效。

自己因為工作及自己生活習慣，經常晚睡，卻又不得不早起，以往未練「合氣養太極生功」前，總覺得精神困頓萎靡：練了功法之後，雖然仍常因睡眠不足而有疲累之感，但在上班時間內卻總能以最好的精神處理公務。同期的學員中，不乏五、六十幾歲的老大哥，在這短短二年內也練的頗有成就，足證「合氣太極養生功」是不分年齡、性別都可以練習的一門功法 。

「合氣太極學習」心得

李岳霖

「氣」是在武學中最上層的境界，是現今武學、 科學以及醫學都想探索的。 雖然現代的科學對「氣」的本質似乎有所基本的了解，但除非親自接觸過「氣」，否則仍無法體會到「氣」的奧秘。

我在合氣道館學習合氣道有三年時間，在陳老師的「合氣太極養生功」班也學習了一年多的時間。 在練習合氣道的過程中，學習到不少的摔技，例如呼吸摔、反手摔、天地摔、入身摔等以及一到六教的關節技，在練習過程中總不免遇到比自己力量還要大的對手，此時我的技法就算再華麗，再標準，別人依然靠著蠻力將我的技法壓制住，所以在練習過程中總不斷思考怎樣才能達到以柔克剛的境界，這個答案我在陳老師的「合氣養太極生功」中找到了答案。

「合氣太極養生功」是陳老師截取合氣道的精華，另外加上了內外導引術，更重要的是加上「氣」的運用。從基本的防身術，了解到技法的實際應用，再從功法的練習，學到氣的運用，也感受到氣的流動。「接氣」是練習氣的一種方法，藉由接氣來感受氣的流動，並且接受對方所給予的能量，不僅能練氣，同時也因為接收對方的氣而讓身體健康。「氣隨意走」更是我們上課的精華所在，藉由意念的帶動，讓丹田渾圓飽滿的氣，經由身體的任何一部位都能發揮令人震撼的威力。

練「合氣太極養生功」不僅能從練「氣」體會出實戰的意義，更重要是能讓人身體健康。導引藉由穴道的搓揉，使全身氣血通暢：利用拉筋搭配腹式呼吸可用來活絡筋骨。導引我每天早上起床都會做一次，健康的確有明顯改善，尤其是長期久坐會腰酸的情形都有明顯改善。「接氣」對身體也是有幫助的，接收老師好的能量，將此能量導進身體每個部位，身體自然健康。因為上課的時間是在晚上，所以大家都是上班或上課完帶著疲倦的身子來上課，但是接氣完，所有精神都立刻飽滿起來，這是每個學員都曾體會到的事實。但「接氣」一星期也只能二次，如果能自己練出「氣」來，身體隨時都有強大的能量，身體自然健康。所以藉由功法中的蜻蜓點水、順水推舟、春風拂面等技法來培養出強大的氣。

練氣也是在練一種精神，而我認為這種精神就是堅持。不論天氣好壞，疲倦與否，都要持續練習下去，這是老師對我們的要求，也是我對自己的期許和勉勵，因為我相信能堅持自己理念的人在任何地方都能成功走向自己的理想。

學習「合氣太極養生功」心得

翁樸釧

我個人一向愛好運動，高爾夫球齡近三十年，其間中斷多次，近幾年主要的運動是散步和爬山，爬山成為個人維持身體體能最有效率的一種方式，散步卻是例行的運動。一位相處多年的朋友一直告訴我，光走路是不夠的，他建議找個師父練氣。

我這位友人家住夏威夷，公司在新竹，每個月往返來回臺灣以及美國等地。原來他的身體很不好，經常腰酸背痛，胃也有毛病，吃飯前都會要杯白開水，方便吞服藥品。但是自從練氣以後，任何時候看到他，始終神采奕奕，冬天我們穿著厚重夾克，他只是短袖一件，早上用餐時，他已經晨泳過了，當一起出差的時候，晚上我們回房休息，他還精神好得很，他是讓我見證到練氣健身的一個實例，也引發了我對於練氣的興趣。

固然我認同「氣」是中國人數千年智慧的累積，但是另一方面個人對於怪力亂神一向敬而遠之，也許是這個緣故造成一直沒有學習的機緣，直到聽到郭醫師對於陳老師的描述，喚醒了心中長久以來的期待。

我的內人以及女兒瑞羚聽到在台北開班的訊息也覺得很好，我們三人就連袂參加了這個班，修習「合氣太極養生功」成了我們家的親子活動，內人後來因為眼疾開刀，中斷了道場的學習，不過她卻是家中最勤練導引的，她有時練一練，會告訴我們，她感覺到有氣；瑞羚多年來鼻子有過敏的困擾，自從參加「合氣太極養生功」班後，過敏症狀好了很多，感冒次數也減少了；我個人則覺得手腳末梢血液循環比較好，許多人跟我打招呼時說我的氣色很好，過去幾年有時候因為牙齒咬到嘴唇而覺得不舒服，最近似乎次數也減少了，同時待人處事時也不斷提醒自己要多圓融。

上週經過晉段測驗，升上初段。有些心虛，因有些動作還不是那麼熟練，不過之前看到老師的示範，我看的很認真，也很想學習。我很高興有機會得以進一步練習劍、杖等進階課程。

學習「合氣太極養生功」心得

翁瑞羚 2006.01.04

修習「合氣太極養生功」已有一年多，從其中得到的，不只是身體健康，更重要的是能夠得良師、交益友，實為人生一樂也。

會踏進道館，要感謝郭醫師的推薦。之前雖常常聽到各地有在教授氣功，但我總是對「靜坐」這件事情興趣缺缺，所以也不曾真正去學習。直到郭醫師推薦「合氣太極養生功」，強調這是「強身」、「防身」、「醫術」的結合，以各種動作引導氣的產生恰巧符合我活潑好動的個性，於是和我親愛的家人一起參加台北班，成為台北班的第一期學員。

這一年多真的非常感謝老師不辭辛勞的每個禮拜從台中開車上來台北。上課氣氛輕鬆，但所有的同學都以非常認真的態度在學習，讓我非常珍惜上課相聚的時間。我最喜歡老師教我們玩氣，一再練氣的過程中，每次都有不同的感受；也因為練氣，我的身體狀況越來越好，以前很容易感冒、過敏的情形都獲得改善。 除了感謝老師的鼓勵之外，也感謝同學間大家互相的切磋磨練。 目前剛升上初段，即將進入劍、杖等進階的課程，我非常期待，也會繼續跟隨老師認真的學習。

學習「合氣太極養生功」心得

林揚斌

對於「氣」這種看不到、摸不著的東西。理工背景的自己一向是不怎麼相信的。雖然有許多利用科學方法研究的論文、 報告。 但是，一來這些高深的論述不是自己看得懂的，二來不是自己動手做的實驗，即使結果看起來多麼神奇，自己本身畢竟還是半信半疑的。

初次見到老師是保持著觀望態度去的。一開始看助教輕易的可以接受老師的氣，自己怎麼樣也沒有感覺，心中也不以為意。只是瑞羚一直覺得非常好，也就陪她留下來練習。不知道從什麼時候開始，不知不覺地，自己也可以接收到老師的氣了，非常的自然。身體也逐漸的在變好，而且也學了不少實用的防身術。老師說過，氣隨意走。你的意念到哪裡，氣就到哪裡，然後就會幫助你意念中想要做的事情。十分神奇。

老師常說，功法是醫術、 武術、 氣功三合一的功法。 雖然自己現在還沒有能力幫助別人，但是自己身體的改善是顯著地。跟以前的自己比較，最大的差別應該是自己的過敏性鼻炎跟血壓、心跳數都有顯著的改進。鼻子再也不用每逢冬天或梅雨就是一天謀殺數十張衛生紙、血壓也不再偏高、心跳數更是從一分鐘百多下降至正常的八十幾下。我想，固定的練習導引加上生活作息的正常、飲食的改善、職業的改變（之前天天坐在電腦房裡加班），都是我身體變好的因素。健康是一切的根本，很感謝老師要求我們每天要做的導引術，常做的確很有幫助。最開心的是有一群一起練習的好伙伴，修身也修心。

升上段之後多了劍、 杖要練習。平日練劍的時候，只要多揮幾次就會覺得慢慢的專心在這件事上，拿劍的手也會慢慢變穩。我想這對心性的修練也是很有幫助的。或許可以幫助我這個小伙子可以更加的穩重也說不定。

學習「合氣太極養生功」心得

賴中𡶶　黃玉文

以前認為合氣道和空手道、柔道、跆拳道等等一樣只是武術而已，但是經郭醫師介紹之後，我們夫妻帶著好奇加入「合氣太極養生功」學習行列。雖然只學了一年，可能只是學到皮毛，可是覺得收穫很多。

一年來，陳老師教導學員們，除了武術、 習武者應具備的態度、 慈悲心……最重要的是讓我們認識「氣」，和我們曾接觸過的氣功，感覺完全不同，原本以為練氣功只是為了健康，練了半天似乎有又似乎沒有？這「氣」好像是個理想，有些遙不可及，甚至還會擔心邪氣入侵，沒想到老師讓我們很快很自然的感受「氣」，不只是能接氣，還能把氣發出去，原來這是我們每個人身上都具有的，只要心裡不排斥，氣的力量源源不絕，除了自救還可以救人，這樣的能力，只要願意花時間下工夫練，每個人都可以學會。

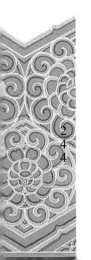

能在老師門下學習是一個福報，世上功夫有多種，但要結合氣功與醫學則少有。老師結合成「三合一」來傳授，我們雖然沒有一個窗明几淨、燈光耀眼氣派的道場，卻正完全展現了老師的踏實作風，上課當中老師的諄諄教導，也讓我在做人處世和生活態度有深刻的感動，今日有福報跟著老師學習「三合一」的「合氣太極養生功」，學無止境，老師的功夫是學不完的，所以

要跟緊老師的進度，不能偷懶。老師說過：「只教有緣人。」我想應該是有緣又勤快的人，所以學員們應要努力精進不懈怠。

心得報告

蔡博文　撰　2012.8.25

人生的際遇，應該是個「緣」字來解釋。

四年前，我剛好眼球中風，損及視網膜，雖然不嚴重，不致失明。但經台中榮民總院眼科醫師正式警告，身體若不小心，接下來所有老人疾病都會一個個爆發。最好馬上做身體總檢查，把已經存在及潛在的毛病都找出來。這是人生第一次身體總檢查。當時我年滿六十二歲。沒想到只是第一關血液檢查，就把我嚇了一跳，幾乎一半是紅字。那年剛好又設計了一個老人安養中心，進入細部的規劃，每星期皆要和醫師談論，老人生活的需求。了解老人只要步入惡性循環期，最後生活品質會逐漸惡化，毫無尊嚴，一步步走到盡頭，令人擔憂。

因此，當年就告訴自己，趕快「放下」，把經營了35年的事務所結束營業。照顧身體列為第一優先，找到對身體有益的養生或運動。

「放下」談何容易，尤其已經35年的工作。一點一點的收吧！「養生運動」更是五花八門，何去何從，不知所措。

應是因緣際會，二〇〇九年，扶輪社請「陳景雄 教授」到社裡演講，題目是「合氣太極」，現場表演合氣道的技術及氣的運用。我很好奇的問，年紀大可以練嗎？沒想到陳教授說：「當然可以，下個月就開班了。」

就這樣由二〇〇九年八月開始，我進入了「合氣太極養生功」，也改變了我的生活。

開始時，我每星期上一次課，當時事務所還在營業，總共花了二年才把它結束。接下來每星期固定二次上課。如今已滿三年半。由五級到二〇一二年八月剛晉升二段。

這三年半來，由「心法」、「技法」、「合氣太極基本功」、「合氣太極劍」、「五行十八式」、「合氣太極杖法」等，循序漸近。 這中間有許多無形漸近的變化，說給各位參考。

由二〇〇八年眼球中風開始，我每三個月必回台中榮總復診，後四年，眼科醫師看完後，總是笑著對我說「有進步，保養得很好。」也不用開藥。其他血液報告，紅色一直減少，兩年來都已全部藍色，我的家庭醫生，問我吃甚麼，我說沒有只是運動。心跳、血壓、血糖都正常。這三年來我自己感覺到，肌肉彈性變好，反應變快，呼吸變長，幾次爬山滑倒受傷很小，至少頭部不會撞上。 打球距離變遠，心情比較不會動怒。 周邊的朋友總是說，最近氣色變好、臉色紅潤，和以前不同。這種微妙的變化，感覺很好。是漸近的，也許是一種良性循環。

「合氣太極」，三年來我深深體會，他是一種柔性的防身術，利用對方的力在動的時候，很快的避開攻擊線，佔到對方無法攻擊的死角，順勢以四兩撥千斤，輕輕一推，化解對方攻擊，這時一推，用的是「氣」而非「力」。因此陳教授教的稱為「合氣太極養生功」，把力、技巧，合氣結合一起。最重要的是「氣」。這種東西只可意會，不可言傳，只有自己體會。

值此升二段，把這三年心得簡單的敘述，供後進參考。在此深深的感謝陳老師三年來，風雨無阻的上課。也感謝大師兄洪正卿夫婦的引進，更感謝同學們讓我練習，有時用力不當，摔傷了也不敢叫，真是抱歉。

「合氣太極」學習心得

劉善益

去年，經洪師兄介紹，得以跟隨陳景雄老師學習「合氣太極養生功」，實在是我的好福運。

在學習「合氣道」之前，由於平常缺乏運動，每日晚睡早起作息不正常，導致經常感到有氣無力，甚至經常失眠！開始學習時，對於導引運動覺得很特別：除了鬆鬆筋骨，轉動關節，還有調節呼吸吐納，一趟下來將近一個小時，即使在冬天還能讓全身感覺一股暖流。

初習「合氣太極」技法時，不但老師細心指導，而且馬上與師兄姐們互相練習，讓我很快就能進入狀況。經過學習技法，我的筋骨關節都運動到了，更了解到要借力使力才能輕鬆化解，而不是以剛制剛的施蠻力。

學習合氣太極養生功時；初期尚無法深刻體會，只好依樣畫葫蘆跟著吸氣吐氣練基本功。 慢慢的學習先以意接氣、導氣，漸漸的也能感受到氣體的流動感覺。 俗語云：「佛爭一炷香，人爭一口氣。」當還是嬰兒時：氣在丹田運轉不息，及其年少血氣方剛（戒之在鬪），又年長時：氣在胸口（戒之生氣）！到年老病危時，一口氣僅在喉頭，嚥了氣，人就往生了！可見「氣」對人的重要非凡。

我最喜歡練劍了，每次看老師拿劍教十方劍，我彷彿見到一代宗師一般，每個姿勢都感覺有如濤濤江水無法抵擋，亦無法逃避，經過學習才知道練劍不只是練招式更是在練氣，以意導氣，一刀一足、 沉肩墜肘、 借力使力……原來學習「合氣太極養生功」是對身心靈提升的一種法門！

學習心得報告

石進益

記得幾年前參加衛道中學校友會，當時幾個學長力邀加入他們的「合氣太極養生功」課程，或許是工作忙碌又或許是機緣未到，當時也沒甚麼在意只是口頭上應了一下，直到姪兒從美國學成歸國，他可能在國外讀書作息日夜顛倒太操了，有一段時間常感冒，身體痠痛不斷，體能很差。有一天，突然說叔叔我們去學氣功好嗎？那時我才回想起「合氣太極養生功」，心動不如馬上行動，那一個禮拜就直接帶著姪兒去見習合氣太極養生功課程；

本來我是不想加入只是想當個介紹人，但姪兒說我不參加他就不參加，好吧為了他的健康，先把工作擺一邊每週挪兩個早晨就把它當作練健身操的心態去參加吧！這就是佛家所說的因緣成熟。

轉眼間加入「合氣太極養生功」已一年多，這是一種柔性的氣功，除了合氣道中的防身術、護身倒法外更加入了太極中的吐納基本功，更有陳老師獨創的十方劍、基本功，這都是一般健身武術中難得一見的。陳老師的氣功教學以師法自然，心隨意轉，不拘泥形式，讓學員從內心去領會氣功的神奇奧妙。另外，接氣前的身心導引其中暗含了陳老師幾十年來浸淫武學中所獨創的功法，所以四十分鐘身心導引練下來，汗流浹背全身舒暢，一週兩次演練身體在不知不覺中協調性、柔軟度增加了，身體也感覺更強健，姪兒的體質也有明顯的改善，感冒及痠痛的頻率降低，這都是一年多來練習「合氣太極養生功」的成果。

陳景雄老師是武術界公認的奇葩，目前是合氣道七段師範，更是全國最高段數，常常覺得跟他學「合氣太極養生功」是一魚四吃，是我們賺到了，因為參加其課程不僅是學合氣道防身術，另外還有獨創的十方劍，加上「合氣太極」運氣心法，基本功、 身心導引，教學內容豐富。還有必須特別一提的是若有學員身體不適，不論內外科從心律不整到腰痠背痛等雜症，只要向老師求醫，老師一定有求必應，再累也要利用休息時間用氣功醫治學員的病痛，可謂人間菩薩實在難得，令人敬佩。另外更在課堂上將其豐富寶貴的人生閱歷及做人處事的道理教誨我們，因此來上他的課不僅學到武學更得到心靈的啟發，實在是感恩啊！

一年多雖然已晉升為黑帶初段，但總覺得有些心虛不夠紮實，平常更應多利用時間加強練習，習武不僅是強身，更應在心靈上更能有所沉潛、涵養，常常羨慕陳老師七五高齡還能翻滾俐落身手矯健，也希望以後年老時能像老師一樣的體魄；其實這一年來體質已有明顯的變強，從加入「合氣太極養生功」班以來未曾感冒就是明證，實在獲益良多，老師感恩啊！

「合氣太極養生功」之我見

石崑奇

對一個小時候曾經患有先天心臟病而開刀的我來說，學習武術是天方夜譚，長大後因工作關係而長期應酬，更再次把身體糟蹋成虛胖無體力的行屍走肉。

經由結拜兼好友劉善益的多次鼓勵，終於鼓起勇氣報名參加「合氣太極養生功」研習班；猶記的剛參加時前半段基本身心導引時總是天旋地轉，勉強持續及陳教授的灌氣加持，經過六個月的調整堅持，才得以跟上師兄們的訓練節奏，看似簡單的動作，卻隱含著身體內部臟器的運動，這是非常神奇及有效調整體質的方法；接著前滾翻、後滾翻，不是技巧不夠膽怯不翻，就是扭傷筋骨，對體弱的我來說更是不可能的任務，好在有眾師兄的鼓勵講解及陳教授的即時處理，得以邊練邊休息，而慢慢跟上進度，對於從未接觸武術的我來說，前半段的身心導引運動實在太重要了。

前些日子與兄嫂們去花蓮遊玩，遇到學有「撥筋」功夫的遠房親戚，大夥兒一一接受撥筋來消除痠痛，令人高興的是他說只有我，功力才可打入筋骨深層，問我有從事什麼運動？回答：學習「合氣太極養生功」一年多，他說：好運動要持續。「合氣太極養生功」心法、技法將會持續慢慢用心體會，感謝陳教授的耐心指導，以及師兄師姊們的配合練習，搭配禪修，相信如此內外兼修，對於身心靈的健康，應該是提升精進，自己的健康自己顧，相信自己，就對了。

17. 附記

（一）「合氣太極養生功」的學習方法，與一般傳統練功方法，略有不同，雖似簡單，但卻有效。上述十二篇的「見證心得」，可資證明。當然對一般初學者，如能按步就班去學習，「身心導引」、「練氣功法」、「接氣」、及「十方步」、「六身法」。則大概蓄積能量，保持健康，簡單防身等，是綽綽有餘。當然如要進一步，發揮能量，到達更高境界，並能以「本功法」，造福家人、朋友，遠離病痛，則歡迎到「本功法」道館，參與練習，庶幾乎能達成您的願望。歡迎參加練習，本書另附光碟一片，提供參考。

（二）也許有些人，看了「本功法」之氣功，會以為是「特技」，但我們可以告訴您，那不是「特技」，而是真正可以達到的境界，只要能衷心接受，「本功法」的修練方式，自然水到渠成，且專心謙、誠去練習，自然進步神速，指日可待。

而「本功法」中之，「合氣太極五行基本功、十八式」。更是依人體五氣之五行、健康而設計，務必珍惜勤練。

（三）世上除了「天」、「地」是「絕對」外，其他世上的一切，均可以「相對」看待。而任何事間的「模糊」關係，是相對存在的。

因此世上沒有什麼事情，是不可能不發生的，也不可能沒有，無法解決的事務。所以凡事不要太固持己見，須知天下之大，您不可能無所不知。準此凡事均應以「心平氣和、平常心」去看待，心胸更應大而化之。所謂「海納百川、有容乃大」。故學習本功法時，務必以智慧心去學習，更應多接觸大自然，提升心境，則事半功倍矣。

（四）本「合氣太極養生功」一書，承修平科技大學，鄧校長作樑博士賜序外，又承 蔡博文、謝順民、楊麗雲、楊保安、盧克明、陳寶華、陳瑞豐、陳泰龍、董士豪、陳豐榮、陳豐義等諸位先生、小姐鼎力相助，復蒙臺中市雲濟武學發展協會理事長 董英祥暨各理、監事熱誠協助並校正，始克付梓，本人特別在此深切表達，最誠摯的謝意。

（五）最後以 前台中科大，賴主任秘書東甫之一首詩與有緣人共勉。

「合山驚濤意在先」、「氣吞河嶽納丹田」、「太乙動靜生陰陽」、「極峰創技制敵前」。

（六）盡心付梓，如有掛萬漏一之處，尚請海涵，並不吝賜教，感激不盡。

二〇一七 年於台灣台中市

陳景雄　謹誌

養生保健　古今養生保健法　强身健體增加身體免疫力

歡迎至本公司購買書籍

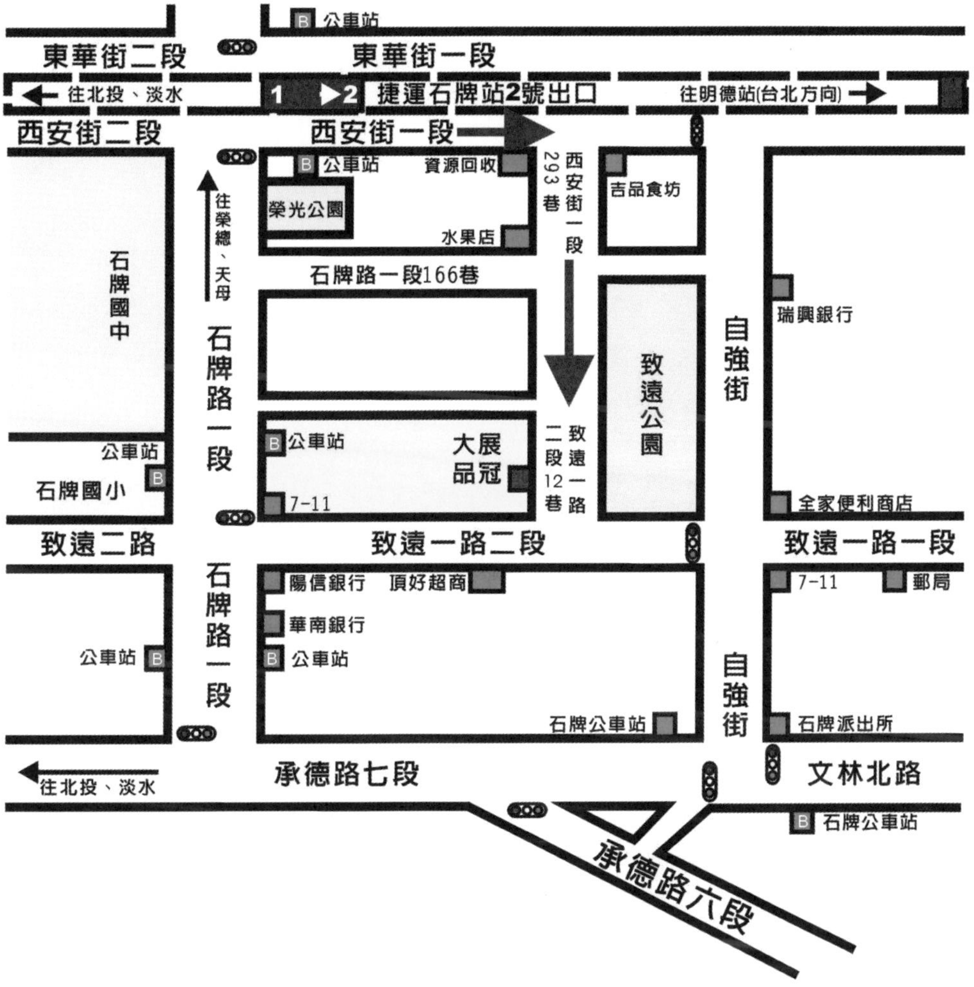

建議路線

1.搭乘捷運・公車

淡水線石牌站下車，由石牌捷運站２號出口出站(出站後靠右邊)，沿著捷運高架往台北方向走(往明德站方向)，其街名為西安街，約走100公尺(勿超過紅綠燈)，由西安街一段293巷進來(巷口有一公車站牌，站名為自強街口)，本公司位於致遠公園對面。搭公車者請於石牌站(石牌派出所)下車，走進自強街，遇致遠路口左轉，右手邊第一條巷子即為本社位置。

2.自行開車或騎車

由承德路接石牌路，看到陽信銀行右轉，此條即為致遠一路二段，在遇到自強街(紅綠燈)前的巷子(致遠公園)左轉，即可看到本公司招牌。

國家圖書館出版品預行編目資料

合氣太極養生功／陳景雄　著
——初版，——臺北市，大展，2017〔民106.12〕
面；21公分 ——（合氣太極；3）
ISBN 978-986-346-191-3（平裝附數位影音光碟）
1.太極拳　2.養生
528.972　　106018954

合氣太極養生功 附DVD

著　　者／陳景雄
執行編輯／孟　甫
發 行 人／蔡森明
出 版 者／大展出版社有限公司
社　　址／台北市北投區（石牌）致遠一路2段12巷1號
電　　話／（02）28236031・28236033・28233123
傳　　眞／（02）28272069
郵政劃撥／01669551
網　　址／www.dah-jaan.com.tw
E-mail／service@dah-jaan.com.tw
登 記 證／局版臺業字第2171號
承 印 者／傳興印刷有限公司
裝　　訂／眾友企業公司
排 版 者／弘益電腦排版有限公司
初版1刷／2017年（民106年）12月
定價／600元

大展好書　好書大展
品嘗好書　冠群可期